从零开始做
亚马逊跨境电商

蒋珍珍　编著

清华大学出版社

北京

内 容 简 介

如何入驻亚马逊平台？怎样使用亚马逊的后台功能？

如何在亚马逊平台选择商品？怎样在亚马逊平台打造爆款？

这些问题的答案都可以在本书中找到，本书将帮助你快速从零起步掌握亚马逊跨境电商的运营方略。

本书共包括10章专题内容，分别从亚马逊跨境电商的入门须知、入驻开店、后台操作、选品要点、商品管理、广告投放、流量获取、物流发货、账户管理和商业运营等角度，帮助大家从新手成长为亚马逊跨境电商运营高手。本文通过120多个纯高手干货技巧，分别对账户注册、后台操作和广告投放的实用操作步骤进行了全面的讲解，并配合具体的运营案例和操作步骤进行剖析，帮助大家轻松玩转亚马逊跨境电商运营，实现年赚百万元的梦想！

本书适合对亚马逊跨境电商感兴趣的个人创业者、创业型公司，以及想转型做跨境电商业务的人员阅读。

图书在版编目(CIP)数据

从零开始做亚马逊跨境电商 / 蒋珍珍编著. —北京：清华大学出版社，2022.5（2024.6重印）
ISBN 978-7-302-60554-6

Ⅰ.①从… Ⅱ.①蒋… Ⅲ.①电子商务—商业企业管理—美国 Ⅳ.①F737.124.6

中国版本图书馆CIP数据核字(2022)第064371号

责任编辑：张 瑜
封面设计：杨玉兰
责任校对：周剑云
责任印制：丛怀宇
出版发行：清华大学出版社
　　　　网　　　址：https://www.tup.com.cn，https://www.wqxuetang.com
　　　　地　　　址：北京清华大学学研大厦A座　　邮　　编：100084
　　　　社 总 机：010-83470000　　　　邮　　购：010-62786544
　　　　投稿与读者服务：010-62776969，c-service@tup.tsinghua.edu.cn
　　　　质量反馈：010-62772015，zhiliang@tup.tsinghua.edu.cn
印 装 者：天津鑫丰华印务有限公司
经　　销：全国新华书店
开　　本：170mm×240mm　　印　　张：15.5　　字　　数：245千字
版　　次：2022年7月第1版　　　　　　印　　次：2024年6月第2次印刷
定　　价：69.80元

产品编号：094211-01

前言

相关数据显示：2020 年，中国跨境电商行业交易规模达 12.5 万亿元，较上年增加 2 万亿元，同比增长 19.05%；2021 年，中国跨境电商行业交易规模达 14.2 万亿元，较上年增加 1.7 万亿元，同比增长 13.6%。

另外，近年来，中国陆续设立的跨境电商综合试验区达 105 个，保税区 100 多个，跨境电商 B2B 出口监管试点增加至 22 个海关；中国对跨境电商行业发展与监管并重，行业政策环境利好，国家加大对外开放力度，大力鼓励跨境电商发展。

也正是因为发展前景良好，并且有国家政策的支持，所以许多人都希望通过跨境电商进行创业，甚至还有许多其他电商平台的运营者转战跨境电商平台。在众多跨境电商平台中，亚马逊平台的知名度和影响力又比较大。因此，许多有跨境电商运营需求的人会选择入驻亚马逊跨境电商平台。

但是，对于大多数人来说，亚马逊是一个比较陌生的平台，他们可能连亚马逊的某些功能都找不到，更不用说在亚马逊平台运营并获取利润了。

因此，为了帮助大家更好地掌握亚马逊跨境电商的运营技巧，轻松玩转亚马逊平台，笔者结合个人实战经验编写了本书。本书通过 10 章内容、120 多个干货技巧，对亚马逊跨境电商运营进行了全面的讲解。

本书案例丰富，每个知识要点都配备了具体的案例、运营技巧甚至展示了具体的操作步骤。所以，即便是不了解亚马逊平台的读者，也能快速读懂本书，运用书中的知识快速掌握相关的运营技巧。

需要特别提醒读者的是，在编写本书时，笔者是基于当时各平台和软件的实际操作界面截取图片，但本书从编辑到出版需要一段时间，在这段时间里，软件界面与功能可能会有变化，比如有的内容删除了，有的内容增加了，这是软件开发商所做的更新，读者在阅读时，要根据书中提供的思路，举一反三进行学习。

本书由蒋珍珍编著，参与编写的人员还有高彪等人，在此表示感谢。由于作者知识水平有限，书中难免有不妥和疏漏之处，恳请广大读者批评、指正。

编　者

目录

第 1 章

入门须知：不容错过的跨境电商

学前提示

在正式注册账户、运营亚马逊电商之前，运营者需要先了解跨境电商的一些入门知识。本章从传统外贸和跨境电商的发展情况、跨境电商的主要平台和亚马逊跨境电商的主要优势来介绍跨境电商的相关知识，并阐述了选择做亚马逊跨境电商的主要理由。

1.1 外贸和跨境电商的发展情况

跨境电商是在外贸的基础上发展起来的，要了解跨境电商的发展情况，就得分析外贸的发展历程。这一节，笔者就为大家分析外贸和跨境电商的发展情况，让大家更好地把握跨境电商的发展历程、现状和前景。

1.1.1 传统外贸的发展历程

传统的外贸模式就是外贸工厂根据客户的要求对商品进行生产和加工，然后将商品运送到客户手中。因为外贸的订单量通常比较大，大多数商品需要依靠海运来运输，所以大部分传统外贸都兴起于沿海地区。例如，我国的传统外贸就兴起于广东的沿海地区。

外贸事关进出口，所以传统外贸的发展往往和世界经济的发展紧密相连，世界经济发展态势良好，传统外贸通常也会获得快速的发展；反之，传统外贸的发展则很可能会受阻。

例如，2008 年全球金融危机爆发之后，许多欧美国家的经济遭受了巨大的打击，因此，我国生产和加工的一些商品很难出口到这些国家。在这种情况下，国内传统外贸行业的发展也面临着困境，许多小型外贸工厂都被淘汰了。

金融危机过去之后，全球经济开始慢慢复苏，但是仍会出现动荡。受金融危机影响，传统外贸的发展日益艰难。

1.1.2 跨境电商的发展情况

跨境电商可以看成外贸活动的一种形式，它是时代的产物。2011 年以来，随着互联网技术和电子商务的发展，越来越多的人开始通过海淘购买境外的商品，也正因如此，许多电商平台都为用户提供了跨境电商服务。

另外，各国的电商发展都受到了供应链的制约，为了应对这种制约，各国不断完善物流和客服体系，同时也努力降低卖家进入跨境电商平台的门槛。因此，各大跨境电商平台都获得了快速的发展，越来越多的人进入了跨境电商行业。

以我国为例，2015 年以来，我国跨境电商行业迎来了快速的发展。截至2020 年，我国跨境电商的交易规模超过 12.5 万亿元，同比增长超过 19%。这种发展速度是传统外贸行业无法比拟的。

我国是老牌的"世界工厂"，因此在跨境电商的发展上具有一定的优势。卖家可以找到对应的供应商，建立完善的供应链体系。同时，我国在国内多个地区都建立了跨境电商综合试验区，跨境电商运营者可以在试验区中享受配套的服务。

1.1.3 跨境电商的发展前景

在笔者看来，跨境电商的未来是可期的，未来可能会出现更多跨境电商平台和品牌，也会有越来越多的人选择通过跨境电商平台购物。当然，在跨境电商的发展过程中也会出现不同的跨境电商形式。具体来说，未来跨境电商可能会出现以下 3 种形式。

1. 大型跨境电商平台

目前，许多人都会通过亚马逊等大型跨境电商平台进行购物，这些大型跨境电商平台的商品种类丰富，用户数量庞大，因此即便是在未来，大型跨境电商平台仍旧是跨境电商的主要交易平台。当然，随着跨境电商行业的发展，必然会出现新的大型跨境电商平台，也必然会有一些大型跨境电商平台被市场淘汰。

2. 品牌自建跨境电商平台

实力比较强、商品种类比较丰富的品牌，在未来可能会建立自己的跨境电商平台。当然，对于很多品牌来说，建立跨境电商平台并不难，真正难的是让用户选择在你的跨境电商平台上购物。因此，为了引导更多的人选择你的跨境电商平台，品牌运营者需要做好跨境电商平台的引流推广，让更多的人知道，并愿意在你的平台上购物。

3. 海外跨境电商实体店

海外跨境电商实体店，是在境外建立多家实体店进行商品分销，并提供线上销售服务，实现线上线下联动的跨境电商运营模式。当然，这种跨境电商运营模式需要大量资金来支撑，因为在境外开实体店不仅需要花费租金、人力等成本，而且需要花费一定的成本来做本土化的运作。

1.1.4 跨境电商与传统外贸的对比分析

都是外贸活动，为什么有的企业会选择做传统外贸，有的企业会选择做跨境电商呢？这一小节，笔者将跨境电商与传统外贸进行对比分析，让大家更好地把握两者的区别。

1. 订单量

通常来说，每个跨境电商订单中包含的商品数量可能会比较少，因为有的用户可能每次只购买一个商品。但是，每个传统外贸订单中包含的商品数量则是比较多的，因为传统外贸中的商品一般都是大批次生产和运输的。而从每种商品的总订单量来看，有的跨境电商商品的订单总量却不一定比传统外贸少，因为跨境电商面对的客户群更加广泛，有时候可能会获得更多的订单。

2．客户群

跨境电商的客户群就是平台上对商品有购买需求的用户，可以说，凡是进入跨境电商平台的用户都可看作潜在客户。而传统外贸的客户群则通常是具有一定实力的外贸公司。也就是说，跨境电商的主要客户群是单个的用户，而传统外贸的主要客户群则是企业。

3．运输方式

跨境电商的运输方式包括海运、陆运和空运，有时候一个订单的商品都需要使用这3种运输方式。而传统外贸则以海运为主，陆运为辅，很多传统外贸商品都是运输到港口之后，再通过陆运进行分发。

4．运营主体

跨境电商的运营主体主要是平台上的卖家，而传统外贸的运营主体则是各大外贸公司。也就是说，跨境电商的运营主体更多的是个体，而传统外贸的运营主体则主要是企业。

5．运营成本

跨境电商的运营成本比较容易控制，运营者只需在跨境电商平台上花费一定的成本开设店铺便可以运营了。而传统外贸的运营成本则比较高，因为许多传统外贸都需要建设对应的工厂。

1.2　快速了解主要的跨境电商平台

近年来，跨境电商行业获得了快速发展，许多跨境电商平台开始出现在大众的视野中。这一节，笔者带大家快速了解主要的跨境电商平台，以及掌握各跨境电商平台的特点。

1.2.1　亚马逊：拥有强大的物流体系FBA

亚马逊创立于1995年，目前其业务已扩展至全球多个国家，其用户数量超过了3亿。为了让用户更好地购物，亚马逊针对不同的国家专门打造了相应官网。例如，亚马逊为了服务中国用户创建了亚马逊中国官网。

许多人之所以愿意在亚马逊跨境电商平台上购物，主要是因为该平台提供了种类丰富的商品，大部分人的购买需求都能够在亚马逊跨境电商平台上得到满足。具体来说，以亚马逊海外购的美国站为例，便为用户提供了鞋靴、服装服饰、箱包、腕表首饰、母婴用品、玩具、美妆护肤和家居厨具等多个品类的商品。图1-1所示为亚马逊海外购美国站的相关页面。

图1-1　亚马逊海外购美国站的相关页面

而许多卖家之所以入驻亚马逊跨境电商平台，则主要是因为其强大的物流体系，即亚马逊物流（Fulfillment By Amazon，FBA）。卖家可以借助亚马逊物流更好地进行货物运输和储存，提高了店铺的运营效率。图1-2所示为亚马逊物流的流程。

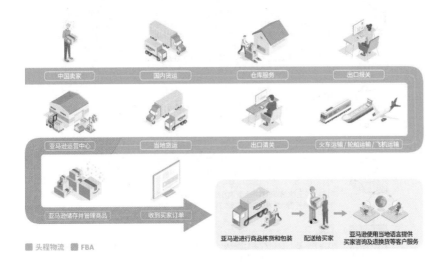

图1-2　亚马逊物流的流程

可能看完亚马逊物流流程图之后，部分读者还是不太了解亚马逊物流的运作方式。下面，笔者就为大家展示亚马逊物流的具体运作步骤，如图1-3所示。

与传统物流方式相比，亚马逊物流拥有众多优势，这也是许多卖家愿意选择亚马逊物流的重要原因。具体来说，亚马逊物流的主要优势体现在4个方面，如图1-4所示。

1. 头程物流：在跨境物流的所有环节中，把商品从一个国家通过海运、陆运或空运等方式运送至另外一个国家或地区，这一环节叫作头程物流。

图 1-3　亚马逊物流的具体运作步骤

优势1
使用亚马逊物流，您的商品将有资格享受亚马逊 Prime 免费隔日达服务，并且对于符合要求的订单，所有买家都可以享受免费配送服务。

亚马逊 Prime 会员，是一种付费会员制度。加入 Prime 会员计划的买家可享更加优质的购物、物流体验，还有会员折扣、会员日等专属福利。Prime 会员相较一般的亚马逊买家，拥有更高的忠诚度，更大的购物需求。Prime 会员在搜索商品时，往往会勾选"Prime"，查看带有 Prime 标记的商品。因此，亚马逊卖家加入 FBA，您的商品可被标记为"Prime"，从而接触到优质的 Prime 会员，为销售导流。

优势2
亚马逊使用当地语言为FBA商品提供7×24小时的专业客服支持，即使您休假，您的商品也可正常销售，有助于减轻您的运营压力。

优势3
针对特定的产品、地区提供特惠物流解决方案，帮助优化物流成本。如：
针对特定产品的特惠解决方案：亚马逊物流轻小商品计划、亚马逊物流新选品计划等；
针对北美三大站点的跨地区解决方案：亚马逊物流远程配送计划；
针对欧洲五国的跨地区解决方案：亚马逊物流欧洲整合服务。

优势4
使用FBA后，亚马逊提供的快捷配送服务和7×24小时的专业客服，有助于您的商品获得更高的客户满意度及商品评价，从而帮助增加您的商品赢得"购买按钮"的机会。买家搜索商品时，更高的客户满意度及商品评价，搜索排名会更加靠前，从而帮助加大商品曝光率。

图 1-4　亚马逊物流的主要优势

1.2.2　速卖通：主要面向第三世界国家

速卖通（AliExpress）创立于 2009 年，它是阿里巴巴旗下的一个跨境电商平台。因此，也有人称速卖通为"国际版淘宝"。当然，与大多数跨境电商平台不同的是，该平台主要面向的是第三世界国家，而非发达国家。

为了更好地服务第三世界国家的用户，速卖通为用户提供了英语、西班牙语、葡萄牙语和阿拉伯语等多种语言服务。因此，如果大家要在该平台上运营店铺，那么懂得这几种语言还是很有必要的。

除了便利的语言服务之外，速卖通受第三世界国家用户欢迎的一个重要原因是商品类别比较齐全。图 1-5 所示为速卖通的官网页面。可以看到，该平台为用户提供了 Women's Fashion（女装）、Men's Fashion（男装）、Phones & Telecommunications（手机通信）、Consumer Electronics（消费性电子商品）和 Jewelry & Watches（珠宝和手表）等多种品类的商品。

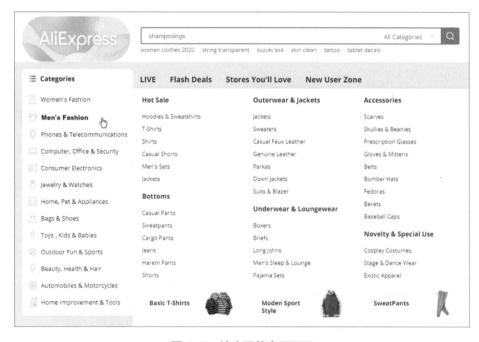

图 1-5　速卖通的官网页面

1.2.3　ebay：市场主要集中在美洲和欧洲

ebay（易贝）创立于 1995 年，它的市场主要集中在美洲和欧洲。该平台借助个人对个人的交易模式快速积累了大量用户，这也让其成为全球排名靠前的跨境电商平台。

ebay 平台上的商品种类比较丰富，用户可以购买古董文物、艺术品、婴儿用品、书籍、商业用品、工业用品、相机和手机等多种商品。图 1-6 所示为 ebay 的官网页面。

图 1-6　ebay 的官网页面

1.2.4　Wish：新兴的基于 App 的跨境电商平台

　　Wish 创立于 2011 年，该平台最初是以 App 的形式为用户提供服务的。也正因如此，虽然现在 Wish 也开发了 PC 端官网，但是仍有大量用户使用其开发的 App 进行购物。

　　在 Wish 平台上，用户可以购买包括 Fashion（时装）、Gadgets（小配件）、Accessories（配件）、Shoes（鞋子）、Watches（手表）和 Tools（工具）在内的多种商品。图 1-7 所示为 Wish 平台上的商品种类。

图 1-7　Wish 平台上的商品种类

需要注意的是，Wish App 上销售的商品比较有限，而该 App 的用户又比较多，所以有时候用户不一定能买到自己需要的商品。例如，笔者写稿时，"Popular"（受欢迎的）板块中的许多商品便显示"Sold Out"（售罄），如图 1-8 所示。

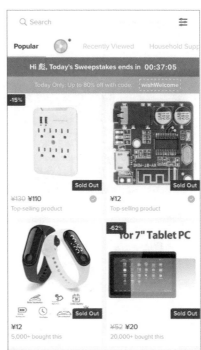

图 1-8　"Popular"（受欢迎的）板块中的许多商品显示"Sold Out"（售罄）

当然，这对于想要做跨境电商的运营者来说是一个好消息。既然这个平台上的商品比较容易售罄，说明只要卖家售卖的商品有一定的市场需求，就比较容易快速完成销售目标。

1.2.5　敦煌网：中小零售商一站式服务平台

敦煌网创立于 2004 年，经过 10 多年的发展，敦煌网累计注册的供应商超过了 230 万，累计注册卖家超过 3640 万，其业务范围覆盖全球 223 个国家和地区，支持的支付币种达到了 68 种。

敦煌网是中小零售商的一站式服务平台，在该平台上，中小零售商可以享受到包括店铺运营、流量营销、仓储物流、支付金融、客服风控、关检汇税、业务培训在内的多项服务。

在敦煌网上，用户可以购买包括 3C 数码、婚纱礼服、综合百货、时尚百货、母婴玩具、健康美容和假发在内的多种商品，而卖家则可以查看这些商品的行业动态，找到更适合销售的商品。图 1-9 所示为敦煌网的官网页面。

与其他跨境电商平台相比，敦煌网有其独特的优势，这主要体现在品牌、技术、用户和运营等方面，如图 1-10 所示。也正是因为敦煌网有这些优势，所以许多人都将敦煌网作为重要的跨境电商交易渠道。

图 1-9　敦煌网的官网页面

图 1-10　敦煌网的主要优势

1.2.6　Lazada：领先的在线购物和销售平台

Lazada 创立于 2012 年，它的市场主要集中在东南亚，所以也被许多人称为"东南亚的亚马逊"。目前，Lazada 开通了印度尼西亚、马来西亚、新加坡、泰国、菲律宾和越南等多个东南亚站点。

作为一个领先的在线购物和销售平台，Lazada 为用户提供了包括 Electronic Devices（电子设备）、Electronic Accessories（电子配件）、TV & Home Appliances（电视及家用电器）、Health & Beauty（健康与美容）、Women's Fashion（女装）、Men's Fashion（男装）和 Fashion Accessories（时尚饰品）在内的多种商品。图 1-11 所示为 Lazada 的官网页面。

图 1-11　Lazada 的官网页面

1.2.7　沃尔玛：加紧线上运营的纵横布局

沃尔玛创立于 1962 年，最初它是一个专注于线下销售的连锁超市，近年来沃尔玛开始加紧进行线上的运营和布局，据相关数据统计，沃尔玛电商平台每月的访问数超过了 1 亿次。也正因如此，越来越多的跨境电商卖家开始入驻沃尔玛，这也促进了沃尔玛跨境电商的发展。

在沃尔玛平台上，用户可以购买 Women's clothing（女装）、Men's clothing（男装）、Video games（电子游戏）、Electronics（电子商品）、Plus size clothing（大码服装）、Furniture（家具）、Boy's clothing（男童服装）、Girls's clothing（女童服装）、Shoes（鞋子）和 Patio & garden（走廊和花园用品）等多种商品。图 1-12 所示为沃尔玛平台上的商品品类。

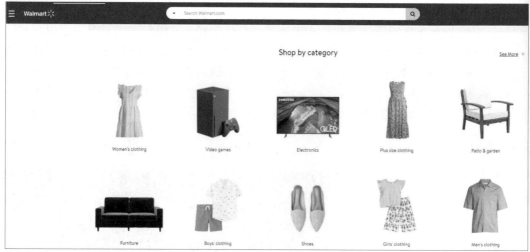

图 1-12　沃尔玛平台上的商品品类

1.3　选择做亚马逊跨境电商的理由

由 1.2 节中的内容不难看出，可供跨境电商运营者选择的平台有很多，那么我们为什么要选择亚马逊这个平台呢？这主要是因为亚马逊跨境电商拥有众多优势。这一节，笔者就来重点为大家分析亚马逊跨境电商的 8 个优势。

1.3.1　优势 1：业务覆盖范围大

亚马逊是全球知名的跨境电商平台，其业务覆盖范围非常大。目前，亚马逊已向中国卖家开放了美国、加拿大、墨西哥、英国、法国、德国、意大利、西班牙、荷兰、瑞典、日本、新加坡、澳大利亚、印度、阿联酋、沙特和波兰等 17 个海外站点，中国卖家可以通过入驻亚马逊，将商品销往全球的许多经济发达国家。

在部分国家中，亚马逊在电商市场中的占有率比较高。以美国为例，虽然近年来亚马逊在美国电商市场中的占有率有所降低，但是 2020 年亚马逊在美国电商市场中的占有率仍达到了 31.4%。

1.3.2　优势 2：用户消费水平高

因为亚马逊跨境电商业务覆盖的大多数是经济发达国家，所以其用户的整体消费水平是比较高的。同时，为了提高用户的忠诚度，挖掘用户的购买力，亚马逊跨境电商平台还推出了 Prime 会员。图 1-13 所示为亚马逊 Prime 会员的相关介绍。

不难看出，成为亚马逊 Prime 会员之后，用户可以享受一些额外的权益。也正因如此，部分用户会选择支付会员费，加入亚马逊 Prime 会员。许多用户成为亚马逊 Prime 会员之后，为了更好地享受自身的权益，会更频繁地购买商品，这样一来，便为亚马逊跨境电商的发展提供了持续的推动力。

图 1-13　亚马逊 Prime 会员的相关介绍

1.3.3　优势 3：规则完善且公平

为了规范卖家的行为，亚马逊跨境电商平台制定了卖家服务规则。而且通过多次修改之后，亚马逊跨境电商平台的卖家服务规则也越来越完善了，基本上与店铺运营相关的事项都能找到对应的规则。

另外，卖家服务规则对待所有卖家都是公平的，只要卖家存在违规情况，就会面临相关的处罚。这也为广大卖家提供了一个公平竞争的环境。

1.3.4　优势 4：利润空间比较可观

亚马逊跨境电商平台上拥有一大批消费能力较强的用户，这些用户在购买商品时，更注重的是品质，而非价格。所以，只要商品的品质较高，即便贵一点，他们也会买。因此，如果卖家做好了选品，那么可以获得的利润空间还是比较可观的。

以老干妈为例，亚马逊跨境电商平台上老干妈的价格为 341.65 元一件（每件有 12 瓶），也就是说每瓶的价格约为 28.5 元。图 1-14 所示为亚马逊跨境电商平台上老干妈的销售页面。

图 1-15 所示为京东电商平台上部分老干妈的销售信息。可以看到，该平台上大部分老干妈的价格为每瓶 10 元左右。

图1-14　亚马逊跨境电商平台上老干妈的销售页面

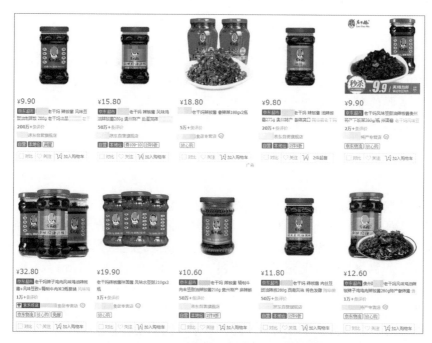

图1-15　京东电商平台上部分老干妈的销售信息

虽然亚马逊跨境电商平台上销售的老干妈和京东电商平台上销售的老干妈在价

格上有一些差异，但是老干妈的生产成本相差不会太大。而 28.5 元与 10 元之间的差距却是比较大的，由此不难看出，老干妈在亚马逊平台上获得的利润空间是比较大的。

1.3.5　优势 5：卖家客服体系完善

亚马逊跨境电商平台上的卖家客服体系是比较完善的，卖家可以享受客服人员的 24 小时服务。而且亚马逊还将客服人员进行了分组，卖家遇到的问题会被分配给对应的客服小组进行处理。这样不仅能让相关问题及时被对应的客服小组看到，而且还能为卖家提供良好的解决方案。

另外，卖家在向亚马逊客服求助时，会被要求留下邮箱地址或联系电话，而且相关客服人员会及时与卖家取得联系，帮助其解决问题。如果卖家的问题比较紧急，甚至还可以直接联系美国本土的亚马逊客服寻求帮助。

1.3.6　优势 6：创造更多的商业机会

对于广大卖家来说，亚马逊跨境电商平台可以创造更多的商业机会。这主要是因为亚马逊平台拥有庞大的用户群，只要卖家销售的商品有用户需要，那么便可以获得一定的销售量。而且卖家入驻亚马逊相当于增加了一个销售渠道，因为卖家可以在维持原有销售渠道的基础上入驻亚马逊平台，将商品挂到亚马逊平台上进行销售。

例如，卖家可能原本就入驻了京东、淘宝等电商平台，而入驻亚马逊跨境电商平台之后，卖家则可以将已经在其他平台在售的商品挂上去，实现多个平台同时进行销售。图 1-16、图 1-17 所示分别为某款李宁篮球鞋在京东和淘宝电商平台上的销售页面。

图 1-16　某款李宁篮球鞋在京东电商平台上的销售页面

图1-17　某款李宁篮球鞋在淘宝电商平台上的销售页面

同样的商品，卖家可以挂在亚马逊跨境电商平台上进行销售。图1-18所示为同款李宁篮球鞋在亚马逊跨境电商平台上的销售页面。

图1-18　同款李宁篮球鞋在亚马逊跨境电商平台上的销售页面

这也就是说，如果卖家经营了其他电商平台，也可以将亚马逊跨境电商平台作为辅助销售平台。而且因为增加了亚马逊这个销售平台，卖家的库存也会更快被清空，从而有效地避免库存积压。

1.3.7　优势 7：多种策略带动销售

亚马逊跨境电商平台中为卖家提供了多种营销推广策略，卖家可以前往"资源与服务"页面的"营销推广"板块进行查看，如图 1-19 所示。

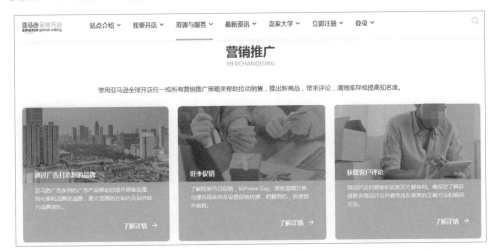

图 1-19　"资源与服务"页面的"营销推广"板块

而且卖家还可以单击对应营销推广策略下方的"了解详情"链接，查看具体的营销推广策略内容。例如，卖家单击"通过广告打造您的品牌"下方的"了解详情"链接，可以进入"亚马逊广告"页面，查看"亚马逊广告"营销策略的相关内容。图 1-20 所示为亚马逊广告解决方案。

图 1-20　亚马逊广告解决方案

1.3.8　优势 8：为企业提供转型机会

对于企业，特别是传统外贸企业来说，亚马逊为它们提供了转型的机会。传统外贸企业既可以入驻亚马逊，直接将生产的商品进行销售，也可以为国内的跨境电商企业服务，让自己成为跨境供应链中的一环。

以入驻亚马逊为例，虽然每个订单购买的数量不是很大，但是亚马逊的用户多，只要买的人多，就能积少成多。而且在亚马逊跨境电商平台上销售商品获得的利润空间要比传统外贸大得多。

第 2 章

入驻开店：账户注册和开店运营

学前提示

如果运营者要通过亚马逊运营获得一定的收益，那么就有必要注册一个店铺账户，并对账户进行相关管理。当然，在注册之前，卖家还需要了解亚马逊的站点，并选择其中适合自身情况的站点进行入驻，打造自己的店铺。

2.1　站点介绍：了解各站点的具体详情

亚马逊为卖家提供了多个开店的站点，卖家可以通过亚马逊跨境电商平台的介绍，了解各站点的具体详情，并从中选择适合自身情况的站点进行开店。具体来说，卖家进入亚马逊官网默认页面之后，可以单击页面上方的"全球开店"按钮，如图 2-1 所示。

图 2-1　单击"全球开店"按钮

操作完成后，进入亚马逊全球开店平台。卖家只需将鼠标放置在"站点介绍"选项卡上，便会弹出亚马逊全球开店主要站点（有的站点服务于某个地区的几个国家，有的站点则主要服务于一个国家）的列表框，如图 2-2 所示。

图 2-2　弹出亚马逊全球开店主要站点的列表框

另外，卖家只需单击对应的站点，便可进入该站点的详情介绍页面，全面了解该站点的相关信息。

2.1.1　北美站

卖家单击"站点介绍"列表框中的"北美站"按钮，即可进入北美站的详情介绍页面。在该页面中，卖家可以查看北美站概览和最新资讯，如图2-3所示。除此之外，卖家还可以查看北美站的销售品类和销售相关费用，如图2-4所示。

图2-3　北美站概览和最新资讯

图2-4　北美站的销售品类和销售相关费用

另外，卖家还可以单击北美站的销售品类和销售相关费用中的相关链接，了解具体的销售信息。例如，卖家单击"销售品类"板块下方的"查看亚马逊北美站可销售品类"链接，便可直接查看北美站可销售商品的品类，如图 2-5 所示。

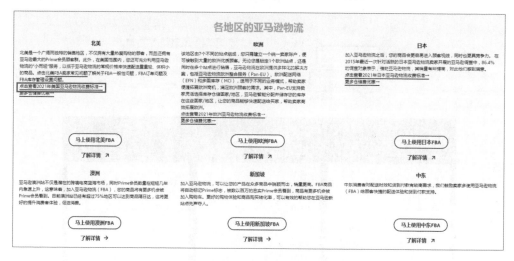

图 2-5　北美站可销售商品的品类

又如，卖家单击"销售相关费用"板块中"物流费用"下方的"了解详情"链接，即可进入"各地区的亚马逊物流"页面，如图 2-6 所示。

图 2-6　"各地区的亚马逊物流"页面

卖家可以单击该页面中的相关链接，查看对应站点的物流费用。例如，卖家单击"点击查看 2021 年美国亚马逊物流收费标准"链接之后，即可进入"2021 年美国销售佣金和亚马逊物流费用变更一览"页面，如图 2-7 所示。

2021 年美国销售佣金和亚马逊物流费用变更一览

即使受到新冠肺炎疫情的影响，亚马逊商城的卖家在 2020 年依然取得了优秀的业绩。自 2020 年 4 月 15 日至 2021 年 1 月 15 日，独立的第三方卖家（几乎所有的小型和中型企业）在亚马逊商城的销售额同比增长超过 55%。我们也在尽力加大投入，以帮助您继续取得成功。

2020 年，我们将整个配送和物流网络的仓储空间扩大了 50%，在全球增设了几十个配送站和运营中心。我们打造了超过 250 项工具和服务，以帮助您管理和发展业务，帮助您推动新销售业务发展的"业务发展机会"页面，帮助您收回库存成本并改善可持续发展能力的"亚马逊物流批量清退计划"以及通过改进卖家大学课程来指导您有效使用所有这些新工具和服务。我们还认识到，新型冠状病毒肺炎疫情让小型企业面临严峻的考验。因此，我们在 12 月份决定将年度费用调整推迟到 2021 年下半年。为其提供可喘息的保障与支持，从而帮助他们渡过如我们所预料的严重。在 2020 年，许多其他公司通过加收附加费和进行费用调整的方式来转嫁成本，但是我们智愿承担了 50 多亿美元的新型冠状病毒肺炎疫情相关费用，并且在 2021 年上半年还将再承担数十亿美元。

目前，已经在全球范围内大规模接种疫苗，我们也希望早日恢复正常状态，我们计划于 2021 年 6 月 1 日起在美国进行下一次费用调整。大部分销售佣金不会发生变化，我们只会对配送费用进行最小幅度的增长（平均约为 2-3%），符合或低于行业平均值。基于我们从卖家收到的反馈，以及我们不断努力降低成本的目标，我们还会降低某些费用（如退货处理费）。

请查看以下费用变更详情页面。这些变更将于 2021 年 6 月 1 日起生效（除非另作说明）。

2021 年亚马逊物流配送费用变更

2021 年亚马逊销售佣金和计划费用变更

2021 年亚马逊物流退货处理费用变更

2021 年亚马逊物流新选品计划变更

2021 年亚马逊物流移除、弃置和人工处理费用变更

2021 年亚马逊物流轻小商品计划费用变更

2021 年多渠道配送费用变更

图 2-7　"2021 年美国销售佣金和亚马逊物流费用变更一览"页面

卖家可以单击"2021 年美国销售佣金和亚马逊物流费用变更一览"页面中的链接，可了解具体的费用变更情况。例如，单击"2021 年亚马逊物流配送费用变更"链接，即可查看核心物流配送费用变更（"服装"类商品除外）、"服装"类商品的配送费用变更和危险品的配送费用变更等信息，如图 2-8、图 2-9、图 2-10 所示。

2021 年 6 月 1 日之前				2021 年 6 月 1 日及之后		
尺寸分段	发货重量	包装重量	每件商品的配送费用[1]	尺寸分段	发货重量（今后不再计算包装重量）	每件商品的配送费用[1]
小号标准尺寸	不超过 10 盎司	4 盎司	$2.50	小号标准尺寸	不超过 6 盎司	$2.70
					6 至 12 盎司（不含 6 盎司）	$2.84
	10 至 16 盎司（不含 10 盎司）	4 盎司	$2.63		12 至 16 盎司[2]（不含 12 盎司）	$3.32
大号标准尺寸	不超过 10 盎司	4 盎司	$3.31	大号标准尺寸	不超过 6 盎司	$3.47
					6 至 12 盎司（不含 6 盎司）	$3.64
	10 至 16 盎司（不含 10 盎司）	4 盎司	$3.48		12 至 16 盎司[2]（不含 12 盎司）	$4.25
	1 至 2 磅（不含 1 磅）	4 盎司	$4.90		1 至 2 磅（不含 1 磅）	$4.95
	2 至 3 磅（不含 2 磅）	4 盎司	$5.42		2 至 3 磅（不含 2 磅）	$5.68
	3 至 21 磅（不含 3 磅）	4 盎司	$5.42 + $0.38/磅（超出首重 3 磅的部分）		3 至 20 磅（不含 3 磅）	$5.68 + $0.30/磅（超出首重 3 磅的部分）
小号大件商品	不超过 71 磅	1 磅	$8.26 + $0.38/磅（超出首重 2 磅的部分）	小号大件商品	不超过 70 磅	$8.66 + $0.38/磅（超出首重的部分）
中号大件商品	不超过 151 磅	1 磅	$11.37 + $0.39/磅（超出首重 2 磅的部分）	中号大件商品	不超过 150 磅	$11.37 + $0.39/磅（超出首重的部分）
大号大件商品	不超过 151 磅	1 磅	$75.78 + $0.79/磅（超出首重 90 磅的部分）	大号大件商品	不超过 150 磅	$76.57 + $0.79/磅（超出首重 90 磅的部分）
特殊大件商品	不适用	1 磅	$137.32 + $0.91/磅（超出首重 90 磅的部分）	特殊大件商品	超过 150 磅	$138.11 + $0.79/磅（超出首重 90 磅的部分）

图 2-8　核心物流配送费用变更（"服装"类商品除外）

2021 年 6 月 1 日之前				2021 年 6 月 1 日及之后		
尺寸分段	发货重量	包装重量	每件商品的配送费用	尺寸分段	发货重量（今后不再计算包装重量）	每件商品的配送费用[1]
小号标准尺寸	不超过 10 盎司	4 盎司	$2.92	小号标准尺寸	不超过 6 盎司	$3.00
					6 至 12 盎司（不含 6 盎司）	$3.14
	10 至 16 盎司（不含 10 盎司）	4 盎司	$3.11		12 至 16 盎司[2]（不含 12 盎司）	$3.62
大号标准尺寸	不超过 10 盎司	4 盎司	$3.70	大号标准尺寸	不超过 6 盎司	$3.87
					6 至 12 盎司（不含 6 盎司）	$4.04
	10 至 16 盎司（不含 10 盎司）	4 盎司	$3.81		12 至 16 盎司[2]（不含 12 盎司）	$4.65
	1 至 2 磅（不含 1 磅）	4 盎司	$5.35		1 至 2 磅（不含 1 磅）	$5.35
	2 至 3 磅（不含 2 磅）	4 盎司	$5.95		2 至 3 磅（不含 2 磅）	$6.08
	3 至 21 磅（不含 3 磅）	4 盎司	$5.95 + $0.38/磅（超出首重 3 磅的部分）		3 至 20 磅（不含 3 磅）	$6.08 + $0.30/磅（超出首重 3 磅的部分）

图 2-9 "服装"类商品的配送费用变更

2021 年 6 月 1 日之前				2021 年 6 月 1 日及之后		
尺寸分段	发货重量	包装重量	每件商品的配送费用	尺寸分段	发货重量（今后不再计算包装重量）	每件商品的配送费用
小号标准尺寸	不超过 10 盎司	4 盎司	$3.43	小号标准尺寸	不超过 6 盎司	$3.63
					6 至 12 盎司（不含 6 盎司）	$3.85
	10 至 16 盎司（不含 10 盎司）	4 盎司	$3.64		12 至 16 盎司（不含 12 盎司）	$3.89
大号标准尺寸	不超过 10 盎司	4 盎司	$4.06	大号标准尺寸	不超过 6 盎司	$4.22
					6 至 12 盎司（不含 6 盎司）	$4.39
	10 至 16 盎司（不含 10 盎司）	4 盎司	$4.23		12 至 16 盎司（不含 12 盎司）	$4.82
	1 至 2 磅（不含 1 磅）	4 盎司	$5.47		1 至 2 磅（不含 1 磅）	$5.52
	2 至 3 磅（不含 2 磅）	4 盎司	$5.86		2 至 3 磅（不含 2 磅）	$6.12
	3 至 21 磅（不含 3 磅）	4 盎司	$5.86 + $0.38/磅（超出首重 3 磅的部分）		3 至 20 磅（不含 3 磅）	$6.12 + $0.30/磅（超出首重 3 磅的部分）
小号大件商品	不超过 71 磅	1 磅	$8.98 + $0.38/磅（超出首重 2 磅的部分）	小号大件商品	不超过 70 磅	$9.38 + $0.38/磅（超出首重的部分）
中号大件商品	不超过 151 磅	1 磅	$11.22 + $0.39/磅（超出首重 2 磅的部分）	中号大件商品	不超过 150 磅	$12.20 + $0.39/磅（超出首重的部分）
大号大件商品	不超过 151 磅	1 磅	$87.14 + $0.79/磅（超出首重 90 磅的部分）	大号大件商品	不超过 150 磅	$87.93 + $0.79/磅（超出首重 90 磅的部分）
特殊大件商品	不适用	1 磅	$157.12 + $0.91/磅（超出首重 90 磅的部分）	特殊大件商品	超过 150 磅	$157.91 + $0.79/磅（超出首重 90 磅的部分）

图 2-10 危险品的配送费用变更

2.1.2 欧洲站

卖家单击"站点介绍"列表框中的"欧洲站"按钮，即可进入欧洲站的详情介绍页面。在该页面中，卖家可以查看欧洲站的概览和最新资讯，如图 2-11 所示。

可以看到，欧洲站的主要特点包括拥有 3.4 亿网购用户、1 个账户覆盖 8 大站点、完善的物流服务和可能获得的多样化收入。

图 2-11 欧洲站的概览和最新资讯

卖家还可以在欧洲站详情介绍页面中，查看欧洲站的销售品类和销售相关费用，如图 2-12 所示。另外，卖家还可以单击欧洲站的销售品类和销售相关费用中的相关链接，了解具体的销售信息。例如，卖家单击"销售相关费用"板块中"销售佣金"下方的"了解详情"链接，便可直接查看欧洲站的销售佣金情况，如图 2-13 所示。

图 2-12 欧洲站的销售品类和销售相关费用

欧洲站销售佣金		
分类	销售佣金	最低佣金
添加剂制造	12%	0.4英镑
亚马逊设备配件	45%	0.4英镑
啤酒、葡萄酒和烈酒	10%	--
媒介类商品（图书、音乐、影视）	15%	--
商业、工业和科学用品	15%	0.4英镑
汽车和摩托车	15%	0.4英镑
电脑	7%	0.4英镑
电脑配件	12%	0.5英镑
电视/音响	7%	0.6英镑
DIY工具	12%	0.4英镑
电子配件	12%	0.4英镑
食品服务	15%	0.4英镑
食品	15%	--
工业电气用品	12%	0.4英镑
工业工具和仪器	12%	0.4英镑
珠宝首饰	25%	1.25英镑
大型家电(不包含配件、微波炉以及抽油烟机)	7%	0.4英镑
材料处理	12%	0.4英镑
金属加工	12%	0.4英镑
乐器和DJ	12%	0.4英镑
软件	15%	--
轮胎	10%	0.4英镑
视频游戏	15%	--
视频游戏机	8%	--
钟表	15%	1.25英镑
所有其他分类	15%	0.4英镑

图2-13　欧洲站的销售佣金情况

2.1.3　日本站

卖家单击"站点介绍"列表框中的"日本站"按钮，即可进入日本站的详情介绍页面。和其他站不同的是，日本站的详情介绍页面中没有"最新资讯"板块，该页面中依次展示的是"日本站概览"和"卖家分享"板块（北美站的详情介绍页面中，"卖家分享"板块位于"最新资讯"板块的下方）。图2-14所示为日本站的概览和卖家分享。

图2-14　日本站的概览和卖家分享

卖家还可以在日本站详情介绍页面中，查看日本站的销售品类和销售相关费用，如图 2-15 所示。

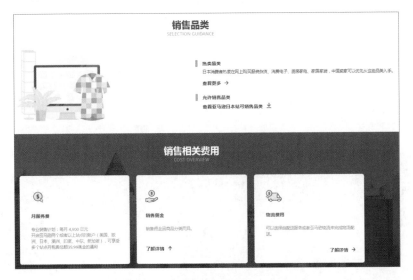

图 2-15　日本站的销售品类和销售相关费用

另外，卖家还可以单击日本站的销售品类和销售相关费用中的相关链接，了解具体的销售信息。例如，卖家单击"销售品类"板块中的"查看亚马逊日本站可销售品类"链接，便可直接查看日本站可销售品类概览和受限商品的相关信息，如图 2-16 所示。

图 2-16　日本站可销售品类概览和受限商品

2.1.4 澳洲站

卖家单击"站点介绍"列表框中的"澳洲站"按钮，即可进入澳洲站的详情介绍页面。和日本站相同，澳洲站的详情介绍页面中也是没有"最新资讯"板块的。图 2-17 所示为澳洲站概览和卖家分享。

图 2-17　澳洲站概览和卖家分享

卖家还可以在"卖家分享"板块的下方，查看澳洲站的销售品类和销售相关费用，如图 2-18 所示。

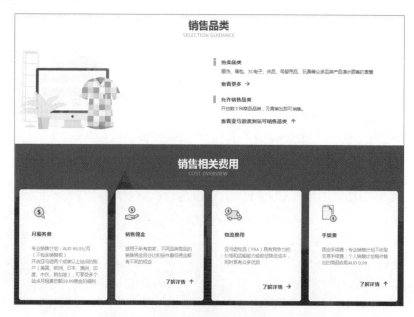

图 2-18　澳洲站的销售品类和销售相关费用

卖家可以单击图 2-18 中的了解详情链接，查看销售品类和销售费用的相关信息。例如，卖家单击“查看亚马逊澳洲站可销售品类”链接，即可查看“澳洲站可销售品类”，如图 2-19 所示。

澳洲站可销售品类

商品分类	允许的状况	是否需要审批
亚马逊设备配件	新品	要求
汽车用品	新品	要求
母婴商品（服饰除外）	新品	否，但假日销售可能需要
美妆	新品	否
图书	新品	要求
摄影摄像	新品	否
手机和配件	新品	要求
服饰和配饰	新品	要求
电视/音响	新品	通常情况下，所有卖家均可在“软件”、“视频游戏”和“电视/音响”分类下发布商品，但若要销售某些特定商品，可能需要预先获得批准。如果您收到一条消息，指出您要发布的商品仅开放给获得批准的卖家，请联系卖家支持。
艺术品	新品（包括一手交易和二手交易艺术品）	是，但是限制新卖家的申请。了解更多信息。
食品	新品	要求
个护健康	新品	否
家居与园艺	新品	否
独立设计	新品	要求
工业与科学	新品	销售指南
珠宝首饰	新品	要求
Kindle 配件和亚马逊 Fire TV 配件	新品	否
箱包和旅行用品	新品	要求
大家电	新品	要求
音乐	新品	销售指南
乐器	新品	否
办公用品	新品	否
户外	新品	否
电脑	新品	否

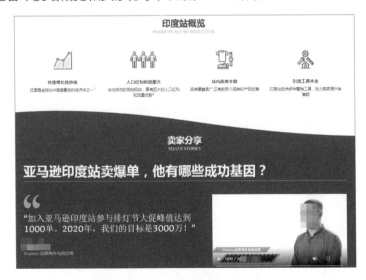

图 2-19　澳洲站可销售品类

2.1.5　印度站

卖家单击“站点介绍”列表框中的“印度站”按钮，即可进入印度站的详情介绍页面，查看印度站概览和卖家分享，如图 2-20 所示。

图 2-20　印度站概览和卖家分享

卖家还可以在"卖家分享"板块的下方，查看印度站的销售品类和销售相关费用，如图 2-21 所示。

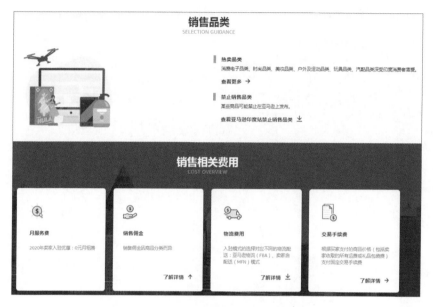

图 2-21 印度站的销售品类和销售相关费用

卖家可以单击图 2-21 中的链接，查看销售品类和销售费用的相关信息。例如，单击"销售相关费用"板块中"销售佣金"下方的"了解详情"链接，即可查看印度站的销售佣金，如图 2-22 所示。

图 2-22 印度站的销售佣金

又如，卖家单击"销售相关费用"板块中"交易手续费"下方的"了解详情"

链接，即可查看印度站的交易手续费、取消费和大批量上架费用，如图 2-23、图 2-24 所示。

交易手续费

您需要根据买家支付的商品价格（包括卖家收取的所有运费或礼品包装费）支付固定交易手续费。需支付的固定交易手续费的计算方法如下所示：

表 1　对于 Easy Ship 和自配送

含运费的商品价格（印度卢比）	Easy Ship*	Easy Ship Prime	自配送
0-250	5	8	6
251-500	8	11	16
501-1,000	28	25	32
1,000+	50	45	59

表 2　对于标准亚马逊物流（Seller Flex 除外）

含运费的商品价格（印度卢比）	所有分类	指定分类*
0-250	25	25
251-500	20	12
501-1,000	15	15
1,000+	30	30

图 2-23　交易手续费

取消费

对于在以下情况下取消的卖家自配送订单，您需要支付当前商品价格销售佣金的 100%（如果在 ESD 当日或之前取消）/150%（如果在 ESD 之后取消）作为取消费用：

1. 订单因非买家请求的其他原因被卖家取消。（只有买家通过 Amazon.in 网站发出的取消请求才会被视为买家请求，可以免除取消费。）
2. 因卖家在预计发货日期的 24 小时内未发货或未确认订单发货，导致亚马逊自动取消订单。

注意：所有费用均不含 18% 的商品及服务税 (GST)。为了确保您支付的销售佣金正确无误，您在网站上发布商品时需要尽可能准确地对其进行分类。适用于商品的分类由亚马逊自行决定。

大批量上架费用

自 2019 年 7 月 1 日起，对于超出 2,000,000 个在售非媒介类商品 ASIN 的部分，我们针对该超出部分的每个 ASIN 收取 0.5 印度卢比的月度大批量上架费用（"HVLF"）。请注意，大批量上架费用仅针对您的非媒介类商品 ASIN 收取。有关更多详情，请参阅大批量上架费用常见问题页面。

图 2-24　取消费和大批量上架费用

2.1.6　中东站

卖家单击"站点介绍"列表框中的"中东站"按钮，即可进入中东站的详情介绍页面，查看中东站概览和卖家分享，如图 2-25 所示。可以看到，中东站有"国家富裕，购买力强""互联网基础好"及该站点属于"中东领先的电商网站"和"当地特殊节假日"等特点。

卖家还可以在"卖家分享"板块的下方，查看中东站的销售品类和销售相关费用，如图 2-26 所示。有需要的卖家还可以单击图 2-26 中的链接，查看销售品类和销售相关费用的信息。具体查看方法和其他几个站点相同，这里不再赘述。

图 2-25　中东站的概览和卖家分享

图 2-26　中东站的销售品类和销售相关费用

2.1.7 新加坡站

卖家单击"站点介绍"列表框中的"新加坡站"按钮，即可进入新加坡站的详情介绍页面。与其他站点的详情介绍页面不同，在新加坡站的详情介绍页面中，只有新加坡站的概览情况，没有"最新资讯"或"卖家分享"板块。不过，截至笔者截图时，在新加坡站开店可以免月租。图 2-27 所示为新加坡站概览和月租情况。

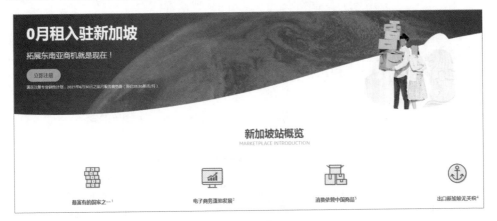

图 2-27　新加坡站概览和月租情况

卖家还可以在"新加坡站概览"板块的下方，查看新加坡站的销售品类和销售相关费用，如图 2-28 所示。有需要的卖家还可以单击图 2-28 中的链接，查看销售品类和销售相关费用的信息。具体查看方法和其他几个站点相同，这里不再赘述。

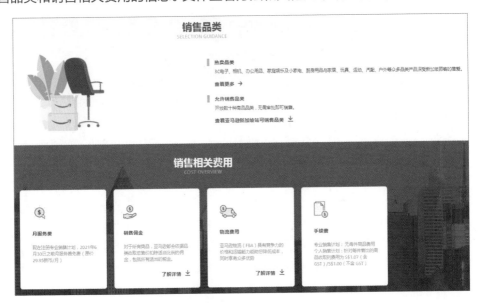

图 2-28　新加坡站的销售品类和销售相关费用

2.2 注册账户：开设店铺获得运营资格

卖家要想通过亚马逊跨境电商平台运营获得收益，需要先注册账户，开设属于自己的店铺，只有这样卖家才可以获得店铺的运营资格。本节笔者就为大家讲解账户注册的相关内容，让大家可以更好、更快地开设自己的店铺。

2.2.1 了解开店前需要做的准备

在开设店铺账户之前，卖家可以先了解开店需要做的准备。对此，卖家可以将鼠标放置在"亚马逊全球开店"平台中的"我要开店"选项卡上，并单击弹出的列表框中的"开店前准备"按钮，如图 2-29 所示。

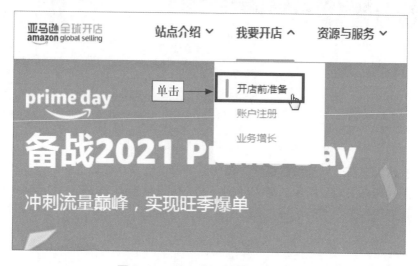

图 2-29 单击"开店前准备"按钮

操作完成后，即可进入"开店前准备"页面，查看开店需要做的准备。具体来说，进入"开店前准备"页面后，卖家首先可以看到的是"卖家行为准则"和"可销售品类"板块，如图 2-30 所示。

卖家可以单击图 2-30 中的链接，查看链接中的相关内容。例如，卖家单击"查看更多"链接，便可进入"卖家行为准则"页面，该页面中展示了卖家需要遵守的各项行为准则，如图 2-31 所示。

如果卖家单击对应行为准则后方的 + 图标，还可以查看具体的行为准则。如图 2-32 所示，为准确的信息、公平行事，以及评分、反馈和评论的具体行为准则。

"可销售品类"板块的下方是"开店成本"板块。在"开店成本"板块中，卖家可以查看月服务费、销售佣金、物流费用和其他成本的相关信息，如图 2-33 所示。有需要的卖家还可以单击该板块中的链接，查看具体的链接内容。

"可销售品类"板块的下方是"注册资料准备"板块。可以看到，注册账户需要准备的资料主要包括公司营业执照彩色扫描件、法定代表人身份证彩色扫描件、付款信用卡和联系方式，如图 2-34 所示。

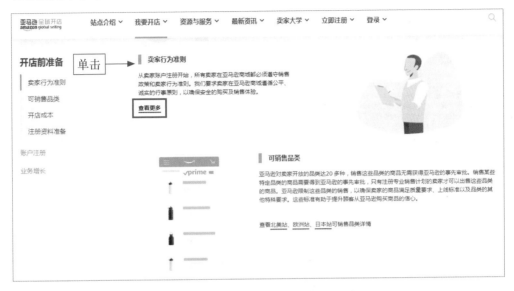

图 2-30 卖家行为准则和可销售品类

图 2-31 "卖家行为准则"页面

准确的信息 —

您需要了解亚马逊全球开店基本成本组成，以便更好的优化您的销售和利润空间。

您必须向亚马逊和我们的买家提供准确的信息，并在信息发生变化时予以更新。

例如，这意味着您使用的企业名称必须能够准确标识您的企业，并且您必须将商品发布到正确的分类中。

公平行事 —

您必须遵循公平、合法的行事原则，且不得滥用亚马逊提供的任何服务。不公平的行为示例包括：

- 向亚马逊或买家提供具有误导性或不恰当的信息，例如，为同一商品创建多个详情页面或发布具有冒犯性的商品图片
- 篡改销售排名（如接受虚假订单或已付款的订单），或在商品名称或描述中声明销售排名相关信息
- 试图在订单确认后提高商品价格
- 人为增加网络流量（例如，使用机器人或付费购买点击量）
- 试图损坏其他卖家、其商品或评分
- 允许他人以违反亚马逊政策或您与亚马逊达成的协议的方式代表您行事

评分、反馈和评论 —

您不得试图影响或夸大买家的评分、反馈和评论。您可以采用中立的态度请求买家提供反馈和评论，但不能：

- 通过支付费用或提供奖励（如优惠券或免费商品）来请求买家提供或删除反馈或评论
- 要求买家只撰写正面评论或要求他们删除或更改评论
- 仅向获得良好体验的买家征集评论
- 评论您自己的商品或竞争对手的商品

图2-32　准确的信息、公平行事，以及评分、反馈和评论的具体行为准则

开店成本

您需要了解亚马逊全球开店基本成本组成，以便更迅地优化您的销售和利润空间。

月服务费

若您通过亚马逊自注册通道进行账户注册并进行销售，您须具备公司资质。若您的亚马逊账户类型是专业销售计划 (Professional)，专业销售计划账户需要支付月度的订阅费。更多详情，请参考各站点开店费用详情。

查看北美站开店费用、欧洲站开店费用、日本站开店费用

销售佣金

亚马逊商城按照不同品类收取不同比例的佣金。更多详情，请参考各站点销售佣金详情。

查看北美站品类销售佣金、欧洲站品类销售佣金、日本站品类销售佣金

物流费用

您可以选择"亚马逊物流（FBA）"或者"卖家自配送"来递送您的商品，这将会产生不同的物流成本。

查看相关费用

其他成本

考量在亚马逊上做生意的全部成本时，一定要参考可能会遇到的额外销售费用，以及其它帮助您提高销量的可选方案。

推广费用 —

在亚马逊消费者的购物旅程中，尽可能地接触消费者——从推广和名度购买，甚至更深入地曝光。亚马逊广告采用按点击付费、竞价的模式。由您设置当顾客点击您的广告时您愿意支付的最高金额。

了解详情

付费账户服务　　　　　　　　　　　　　　　　+

退款手续费　　　　　　　　　　　　　　　　　+

大量请单费　　　　　　　　　　　　　　　　　+

图2-33　"开店成本"板块

图 2-34　"注册资料准备"板块

2.2.2　了解账户注册的相关事项

除了了解开店前的相关准备之外，卖家还需要了解账户注册的相关事项。具体来说，卖家可以单击图 2-29 中的"账户注册"按钮，操作完成后，即可进入"账户注册"页面。进入"账户注册"页面之后，卖家便可以看到"注册流程"板块，如图 2-35 所示。

图 2-35　"注册流程"板块

卖家可以单击该板块中的链接，查看对应站点的账户注册指导信息。例如，单击"北美站点卖家账户注册指导"链接，便可以查看"亚马逊北美站点卖家注册指导"的相关内容，如图 2-36 所示。有需要的卖家，还可以直接下载该注册指导文件。

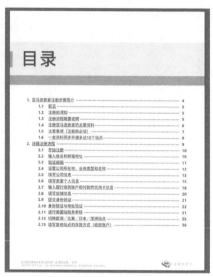

图 2-36　亚马逊北美站点卖家注册指导

除了"注册流程"之外，卖家还可以在"账户注册"页面中，查看"账户审查"和"上传商品"板块的相关信息，如图 2-37 所示。

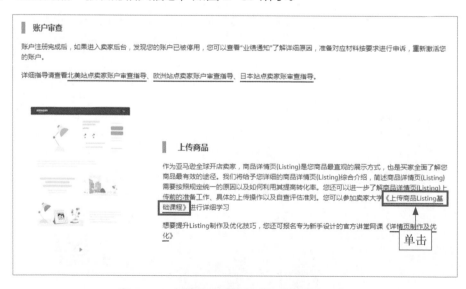

图 2-37　"账户审查"和"上传商品"板块

卖家可以单击图 2-37 中的对应链接，查看具体的链接内容。例如，卖家单击"《上传商品 Listing 基础课程》"链接，便可进入"创建上传商品"页面，如图 2-38 所示。

图 2-38 "创建上传商品"页面

卖家还可单击"创建上传商品"页面中的链接，查看具体的链接内容。例如，单击"Listing 是什么？"链接，便可查看"上传商品 Listing 基础学习资料"的相关内容，如图 2-39 所示。

图 2-39 上传商品 Listing 基础学习资料

2.2.3 了解亚马逊的开店费用

在正式注册店铺账户之前，卖家可以先了解亚马逊跨境电商平台的开店费用。通常来说，在亚马逊跨境电商平台上开店需要支付以下三个方面的费用。

1．平台服务费

平台服务费可以看成店铺的月租，这个费用每个月会自动从卖家的账户或信用卡中扣除。需要说明的是，不同的亚马逊站点，每个月需要支付的平台服务费也是不一样的。

具体来说，北美站的平台服务费为 39.9 美元 / 月；欧洲站的平台服务费为 25 英镑 / 月或 39 欧元 / 月；日本站的平台服务费为 4900 日元 / 月；澳洲站的平台服务费为 49.95 澳元 / 月；印度站、中东站和新加坡站无须支付平台服务费。

2．销售佣金费

销售佣金就是卖家每卖出一件商品，需要按照规定的佣金百分比向亚马逊平台支付的费用。

当然，每个站点收取的佣金百分比也不尽相同，卖家可以在对应站点的详情页面中，单击"销售佣金"下方的"了解详情"链接，查看具体的佣金百分比。图 2-40 所示为日本站销售佣金。

日本站销售佣金	
类别	佣金百分比
图书	15%
音乐	15%
DVD	15%
视频	15%
电子产品（影音设备、手机）	8%
摄影摄像	8%
电脑	8%
（电子产品、摄影摄像和电脑）配件	10%（最低销售佣金为50日元）
亚马逊设备配件	45%
乐器	8%

图 2-40 日本站销售佣金

3．亚马逊物流费用

亚马逊物流费用（FBA 费用）是卖家使用亚马逊物流服务售出商品需要支付的费用。卖家可以单击"各地区的亚马逊物流"页面（见图 2-6）中的链接，查看对应站点的 FBA 费用。

另外，卖家可以加入"亚马逊物流新品入仓优惠计划"，享受免费仓储、免费移除和免费退货处理服务。具体来说，卖家可以通过六步加入"亚马逊物流新品入仓优惠计划"，享受相关优惠的步骤，如图 2-41 所示。

第1步 **注册为专业卖家**
还没有在亚马逊开店？立即注册为专业卖家！
参与专业销售计划，每月支付$39.99的月服务费，即可享受无数量限制的商品销售。（北美：39.99美元；欧洲：39欧元或25英镑；日本：4900日元）

（ 立即前往北美站点开店 ） （ 立即前往欧洲站点开店 ） （ 立即前往日本站点开店 ）

已经是专业卖家？请直接从第2步开始。

第2步 **注册加入亚马逊物流新选品计划**
点击下方各站点，前往亚马逊卖家平台活动页，点击页面中的"立即注册"按钮，加入该计划。
您发送商品到亚马逊运营中心之前，必须先注册该计划，才有机会享受该计划的费用优惠。

第3步 **发布亚马逊物流新选品，并运送至亚马逊运营中心**
发布商品时请选择使用亚马逊物流销售，或者将现有卖家自配送商品转换为使用亚马逊物流销售。
a. 首次创建商品信息：
如果您是在卖家平台创建添加新商品，发布商品时请选择使用亚马逊物流销售。之后亚马逊将引导您完成创建货件，并将商品发送至亚马逊运营中心的操作流程。
b. 将现有卖家自配送商品转换为使用亚马逊物流销售：
访问卖家平台中的"管理库存"页面，选择您希望使用亚马逊物流配送的商品，然后从页面右上角"应用于 X 件选定商品"的下拉菜单中选择"转换为亚马逊配送"。

第4步 **创建广告活动，推广您的商品**
您新发布的FBA新选品被亚马逊运营中心成功接收上架后，您就可以创建广告活动，推广您的商品了。
您可以自己创建推广广告活动，也可以通过广告活动创建功能，由系统为您创建广告活动。系统创建广告活动后，亚马逊将向您发送一封确认电子邮件。广告活动将在发送确认电子邮件的七天后激活，在您选择暂停之前，它将一直保持运行状态。如果您在激活之前选择停止广告活动，改为激活另一个广告活动，仍可收到广告费代金券。请访问卖家平台新选品计划帮助页面，查看条款和条件，了解详情。

第5步 **获取亚马逊推广广告代金券**
注册加入新选品计划后的60天内，发布符合该计划资格要求的FBA新选品并发送入库，商品成功上架后30天内，手动设置一个没有结束日期的广告活动，并启动运行。在您的广告活动发布后的两周内，您将收到折合约100美元*的推广广告代金券。将该广告活动运行推广至少30天，即可获得第2笔折合约100美元*的推广广告代金券。
*具体金额可能会由于各站点货币单位不同而有所差异。
*该项优惠仅适用于亚马逊美国、英国、德国和日本站。

第6步 **享受新选品计划费用优惠，低成本测试新品，同时使用FBA吸引更多买家**
注册后，亚马逊将审核确认您是否符合该计划的资格要求。根据计划的条款和条件，亚马逊将自动为符合要求的商品免除相关费用。
访问卖家大学FBA课程，了解有关亚马逊物流新选品计划的更多信息

图 2-41 加入"亚马逊物流新品入仓优惠计划"，享受相关优惠的步骤

2.2.4　注册亚马逊平台的账户

在亚马逊跨境电商平台中，有的内容是需要登录账户之后才能查看的，而要登录账户就需要先注册账户。下面笔者介绍注册亚马逊平台账户的具体步骤。

步骤 01　单击亚马逊跨境电商平台默认页面右侧的"免费注册"按钮，如图 2-42 所示。

步骤 02　进入"创建账户"页面，卖家可以直接输入相关信息注册账号，也可以单击"微信账号注册"按钮，用微信号进行账户注册，如图 2-43 所示。

图 2-42　单击"免费注册"按钮　　图 2-43　"创建账户"页面

步骤 03　如果卖家单击"微信账号注册"按钮，便会弹出一个带有二维码的页面。卖家可以打开微信 App，单击⊕图标；操作完成后，会弹出一个列表框，单击列表框中的"扫一扫"按钮，如图 2-44 所示。

步骤 04　进入"扫码"页面，对准二维码进行扫描，如图 2-45 所示。

步骤 05　进入亚马逊中国申请使用微信信息界面，单击界面中的"同意"按钮，如图 2-46 所示。

步骤 06　进入"微信用户注册"页面，输入手机号码和验证码；单击"创建您的亚马逊账户"按钮，如图 2-47 所示。完成操作后，卖家便可获得亚马逊平台的账户。

图 2-44 单击"扫一扫"按钮

图 2-45 扫描二维码

图 2-46 单击"同意"按钮

图 2-47 单击"创建您的亚马逊账户"按钮

2.2.5 注册对应站点的店铺账户

如果卖家确定要在亚马逊跨境电商平台上开店，可以注册对应站点的店铺账户，具体操作步骤如下。

步骤 01 将鼠标放置在"亚马逊全球开店"页面中的"立即注册"选项卡上，会弹出一个列表框，单击列表框中对应站点的注册按钮，如"沙特注册"按钮，如图 2-48 所示。

图 2-48 单击对应站点的注册按钮

步骤 ⑫ 进入 Create account 页面，单击页面中的 Create your Amazon account 按钮，如图 2-49 所示。

步骤 ⑬ 进入 Sign-In 页面，在该页面中输入账户和密码，再单击 Sign-In 按钮，如图 2-50 所示。

图 2-49 单击 Create your Amazon account 按钮

图 2-50 单击 Sign-In 按钮

步骤 ⑭ 进入"设置您的亚马逊销售账户"页面，在该页面中选择和输入销售账户信息，单击"同意并继续"按钮，如图 2-51 所示。

步骤 ⑮ 进入"公司信息"页面，在页面中输入相关信息，再单击"立即给我发短信"按钮，如图 2-52 所示。

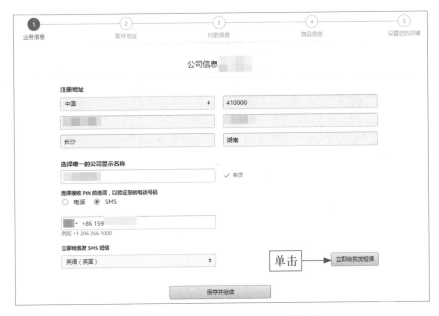

图 2-51 单击"同意并继续"按钮

图 2-52 单击"立即给我发短信"按钮

步骤 06 操作完成后，会弹出"输入通过短信向您发送的 PIN 码"提示框，在列表框中输入验证码；单击"验证"按钮，如图 2-53 所示。

步骤 07 返回"公司信息"页面，此时页面中会显示"验证成功完成"。单击页面中的"保存并继续"按钮，如图 2-54 所示。

步骤 08 进入"取件地址"页面，如果之前填写的地址无法提供"Easy Ship"（即便捷配送服务），那么页面中会显示："您输入的城市和地区不符合 Easy Ship 要求。"此时卖家可以返回修改地址，也可以先单击"保存并继续"按钮，完成账户的注册，等注册成功后再修改相关信息，如图 2-55 所示。

图 2-53　单击"验证"按钮

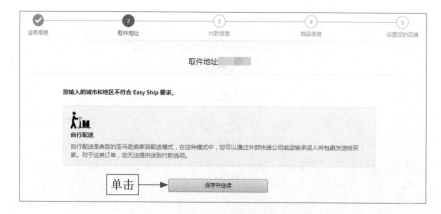

图 2-54　单击"保存并继续"按钮

图 2-55　单击"保存并继续"按钮

步骤 09 进入"设置您的收款方式"页面，在该页面中设置和填写相关信息，然后单击"下一页"按钮，如图 2-56 所示。

图 2-56 单击"下一页"按钮

步骤 10 进入"设置您的付款方式"页面，选中对应信用卡所在的单选按钮；单击"保存并继续"按钮，如图 2-57 所示。

图 2-57 单击"保存并继续"按钮

步骤 11 进入"请告诉我们您的商品信息"页面，在该页面中根据相关问题进行选择，再单击"继续"按钮，如图 2-58 所示。

步骤 12 进入商品分类页面，从页面中选择要销售的商品所属的类别，单击"完成注册"按钮，如图 2-59 所示。

步骤 13 进入卖家身份验证页面，在该页面中选择所在的国家和卖家的类别，单击"下一步"按钮，如图 2-60 所示。

图2-58 单击"继续"按钮

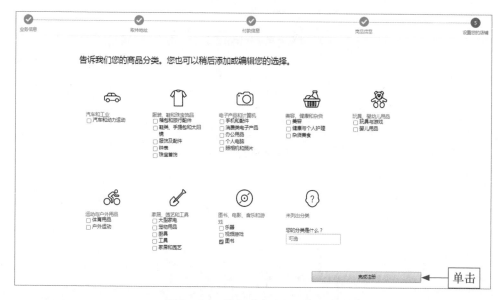

图2-59 单击"完成注册"按钮

步骤⑭ 进入账户所有者个人信息页面，在该页面中设置和填写相关信息，单击"提交"按钮，如图2-61所示。

步骤⑮ 进入账户所有者个人信息的文件上传页面，在该页面中上传身份证照片和信用卡对账单截图，单击"提交"按钮，如图2-62所示。

步骤⑯ 操作完成后，页面中会弹出"感谢您共享您的信息"提示框。提示框中会显示："我们正在处理您的信息，请稍候。这最多可能需要60秒。"如图2-63所示。

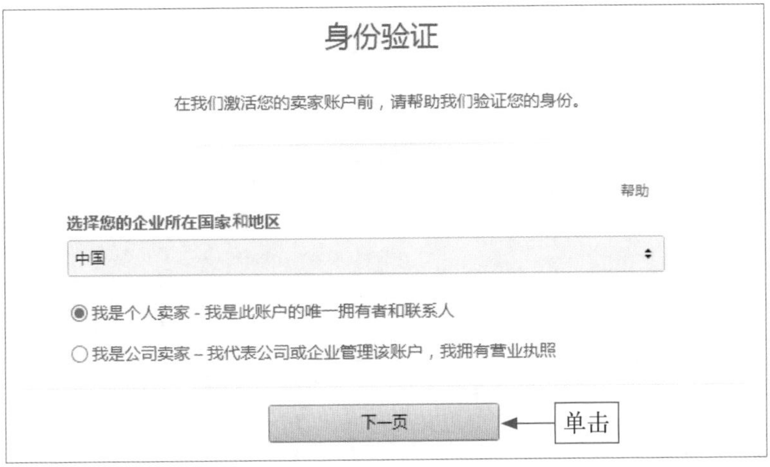

图 2-60　单击"下一页"按钮

图 2-61　单击"提交"按钮

步骤 ⑰ 等待一会儿，页面中会弹出"感谢您提出请求"提示框。提示框中会显示"我们已收到您的信息，并可能会在 2 个工作日内联系您以进行进一步澄清"，如图 2-64 所示。此时，我们只需保持手机畅通，等待亚马逊客服人员联系即可。

图 2-62 单击"提交"按钮

图 2-63 弹出"感谢您共享您的信息"提示框

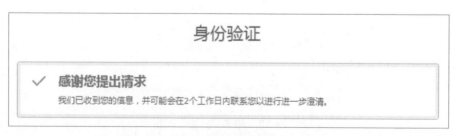

图 2-64 弹出"感谢您提出请求"提示框

步骤 ⑱ 亚马逊对身份信息进行验证之后，会向卖家发送审核通过的相关邮件。收到邮件之后，刷新页面，即可看到"启用两步验证"页面。单击页面中的"启用两步验证"按钮，如图 2-65 所示。

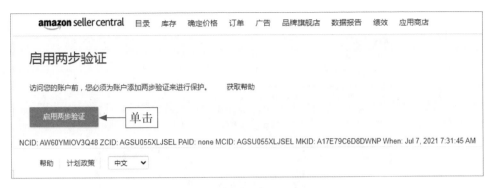

图 2-65 单击"启用两步验证"按钮

步骤⑲ 进入"注册两步验证认证器"页面，输入手机号码；单击"继续"按钮，如图 2-66 所示。操作完成后，在跳转的新页面中输入手机验证码。

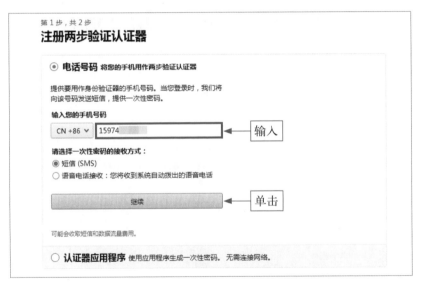

图 2-66 单击"继续"按钮

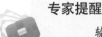

专家提醒

输入手机号码之前，卖家需要先选择手机号注册国的国家代码。例如，在中国注册的手机号，应选择"CN＋86"，否则，卖家输入手机号之后，可能会显示输入的手机号不符合要求。

步骤⑳ 操作完成后，跳转至"就快完成了…"页面，单击页面下方的"好，启用两步验证"按钮，如图 2-67 所示。操作完成后，跳转至图 2-65 所在的页面。

图2-67　单击"好，启用两步验证"按钮

步骤 ㉑　操作完成后，如果卖家收到关于成功启用两步验证的邮件，如图2-68所示，并且页面自动跳转至商家后台，就说明店铺账户注册成功了。

图2-68　卖家收到关于成功启用两步验证的邮件

2.2.6　账户风险的防范和规避

注册账户之后，卖家还需要了解账户运营过程中存在的风险，并找到风险的防范和规避方法。具体来说，账户运营中存在的风险及其防范和规避方法如下。

1. 上架的产品数量太多

亚马逊跨境电商平台对于新账户的产品上架数特别关注，如果账户短时间内上架的产品数量太多，那么账户很有可能会面临亚马逊跨境电商平台的审核。虽然只要卖家的资料齐全，并按照要求进行提交，就没有什么问题，但是在此过程中，需要提交审核的资料很多，账户的运营节奏势必会被打乱。因此，在账户注册完成之后，要控制上架产品的数量，不要急着把所有的产品都直接上架。

2. 产品的销售增速太快

和上架的产品数量过多相同，产品的销售增速太快也有可能会面临亚马逊跨境电商平台的审核。因此，卖家要控制好产品的销售增速，避免产品的销量波动过大。

3. 延迟或超前发货

在亚马逊跨境电商平台中，所有订单都需要在 72 小时内完成发货，如果卖家因为自身原因没有及时发货，那么对应的订单将被视为延迟发货的订单。需要注意的是，账户延迟发货率超过 4%，将会被亚马逊跨境电商平台警告，如果情节比较严重，账户的销售权限还会被删除。

另外，亚马逊跨境电商平台对于超前发货也是明令禁止的，只要发现了超前发货的行为，那么对应账户将面临删除销售权限的处罚。因此，卖家收到订单之后，要及时发货，避免延迟或超前发货的行为。这样，账户的相关权限便不会因此被删除。

4. 追踪单号可查询率低

如果追踪单号可查询率低于 95%，那么对应账户的相关权限同样会被删除。因此，在发货时，卖家一定要选择订单可查询追踪的发货方式，确保每一个订单都可以进行查询追踪。

5. 产品运输速度过慢

亚马逊跨境电商平台规定，从中国发货的产品，要在下单后的 17~28 天内送到买家的手中，如果超过了这个时间，也将面临账户被审核和账户销售权限被删除的情况。因此，在发货时，卖家要选择速度相对较快的运输方式，确保产品能如期送到买家的手中。

6. 销售的产品涉嫌侵权

如果账户中销售的产品存在商标侵权、专利侵权（具体包括发明专利、使用专利和外观专利侵权）、版权侵权和盗图等情况，那么账户将会面临被审核和销售权限被删除的情况。因此，卖家在销售产品时，一定要规避侵权。具体来说，卖家可以通过如下步骤查看亚马逊跨境电商平台中关于违规侵权的相关信息。

步骤 ① 单击"卖家行为准则"页面中的"违规侵权相关政策"按钮，查看违规侵权的相关政策，如图 2-69 所示。

图 2-69 单击"违规侵权相关政策"按钮

步骤 ② 操作完成后，进入"违规侵权相关政策"板块，单击板块中"法规政策科普"下方的"了解详情"链接，如图 2-70 所示。

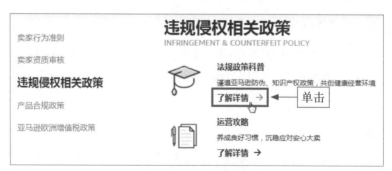

图 2-70 单击"了解详情"链接

步骤 ③ 操作完成后，卖家即可进入法规政策科普页面，查看亚马逊跨境电商平台中关于违规侵权的相关信息，如图 2-71 所示。

7. 违反亚马逊跨境电商平台的销售政策

如果卖家违反亚马逊跨境电商平台的销售政策，销售平台禁止销售的产品，或者用亚马逊跨境电商平台禁止的销售方式销售产品，那么对应账户将可能面临被审核或销售权限被删除的情况。因此，卖家要了解平台的销售政策，不做违背销售政策的事。具体来说，卖家可以通过如下步骤查看亚马逊跨境电商平台中禁止销售的产品。

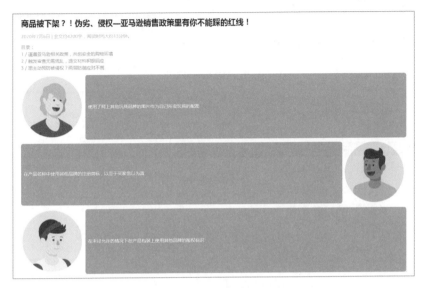

图 2-71　法规政策科普页面

步骤 01　单击"卖家行为准则"页面中的"产品合规政策"按钮，查看"产品合规政策"板块的相关信息。单击该板块中"禁限售商品政策"下方的"了解详情"链接，如图 2-72 所示。

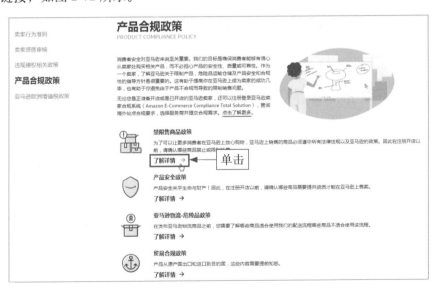

图 2-72　单击"了解详情"链接

步骤 02　进入"全球开店规则"页面，卖家可以在"第一步 限制商品"板块中查看亚马逊跨境电商平台禁止销售的产品，如图 2-73 所示。

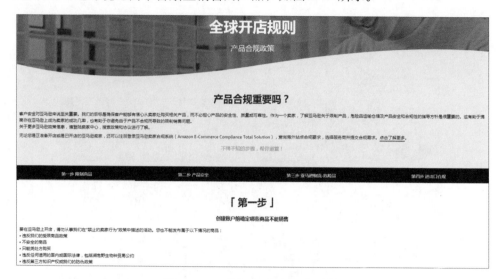

图 2-73　"全球开店规则"页面

8．账户整体表现太差

在账户运营的过程中，卖家要为买家提供优质的服务，提高买家的满意度。如果账户的整体表现太差，订单缺陷率（Order Defective Rate，ODR）超标，账户便有可能面临被审核或销售权限被删除的情况。

具体来说，在评估 ODR 时，卖家需要重点关注三个方面的信息，即店铺中 1 星至 2 星的评价、担保索赔纠纷和信用卡拒付。因此，在账户运营的过程中，卖家需要着力提高买家的评价，避免担保索赔纠纷和信用卡拒付的情况出现。

2.3　店铺管理：打理和维护亚马逊店铺

成功注册店铺账户之后，卖家便可以经营店铺，在亚马逊跨境电商平台上销售产品了。当然，为了更好地管理店铺，卖家还得学会打理和维护店铺。这一节，笔者就为大家介绍打理和维护亚马逊店铺的相关技巧。

2.3.1　亚马逊跨境电商平台的主要店铺模式

注册店铺之后，卖家就可以选择店铺的运营模式了。通常来说，亚马逊的店铺运营模式主要有以下三种。

1．自发货店铺运营模式

自发货店铺运营模式，简单地说，就是从国内仓或海外仓直接发货的一种模式。

在这种模式中，卖家只需要根据订单从供应商处拿货，并进行发货即可，因此可以有效地避免库存积压。当然，这种运营模式也有一些劣势，例如，物流速度通常比较慢、自发货的产品在亚马逊的算法中处于不利的地位。

2. FBA 店铺运营模式

FBA 店铺运营模式可以细分为三种店铺运营模式，具体如下。

（1）FBA 批量铺货运营模式。这种店铺运营模式多采取"广泛铺货，重点选拔"的经营策略，先将产品进行试销，然后再从中选择销量较高的产品进行重点推广。其主要优势在于可以从众多同类产品中选择更适合市场需求的产品，让卖家快速找到销售的重点。当然，这种销售模式也有一些不足。其中比较明显的一点，就是这种模式不太适合资金实力比较有限的卖家，因为广泛铺货的成本通常是比较高的。

（2）FBA 精品店铺运营模式。采用这种运营模式的店铺，通常是销售几个具有一定关联的产品类目，形成产品的营销推广矩阵。这些产品通常是按照一定规则挑选的，虽然不算爆款，但也不是无人问津。而卖家则依靠同时销售多种该类产品来保障销量，获得持续的收入。

（3）FBA 纯精品店铺运营模式。采用这种运营模式的店铺通常会集中销售某个小类目中比较受欢迎的产品。这种店铺运营模式的核心在于通过市场调研和铺货了解买家的喜好，从而判断哪几种商品比较受消费者的欢迎。

3. 小型精选店铺运营模式

小型精选店铺运营模式，简单来说，就是打造一个小型的店铺，并精心选择几种产品在店铺中进行销售的运营模式。这种店铺运营模式通常比较适合资金比较有限的小卖家。

2.3.2　店铺的预算和资金周转

在店铺的运营过程中，卖家需要做好预算，保证资金可以正常运转。具体来说，在运营店铺时，卖家通常需要做好以下几个方面的资金预算。

（1）产品的采购预算。

（2）产品的补货预算。

（3）产品的物流和仓储预算。

（4）产品的推广营销预算。

（5）其他预算，如购买办公用品的预算、购买配套设施的预算。

卖家可以算一下以上五个方面的预算各是多少，相关的资金需要何时到位。这样，卖家只要保证资金如期到位，便可维持店铺的正常运转了。当然，卖家还需要特别注意一点，那就是从产品卖出到相关款项到账可能需要 20 多天，卖家要保证这20多天内也有足够的运转资金。

2.3.3　店铺的收款方式和账户分析

在亚马逊跨境电商平台上开设店铺之后，卖家可以通过绑定的收款账户来进行收款。通常来说，店铺的收款账户可分为两种，即传统银行账户和虚拟银行账户。

1．传统银行账户

目前，中国卖家常用的传统银行账户主要是美国银行账户和中国香港银行账户。虽然传统银行账户的安全性比大多数虚拟银行账户要强，但是在亚马逊跨境电商平台上使用传统银行账户收款也是有一定弊端的。例如，一个传统银行账户只能绑定一家店铺，如果同一个卖家运营了多个店铺，就需要分别绑定不同的传统银行账户。

2．虚拟银行账户

虽然虚拟银行账户的安全性一直是一个大问题，但是不可否认的是，大多数虚拟银行账户的安全性越来越强了。而且与传统银行账户相比，虚拟银行账户也存在着一些明显的优势。例如，卖家可以在多个店铺上绑定同一个虚拟银行账户，建立店铺间的关联支付。也正是因为如此，越来越多的卖家开始选择使用虚拟银行账户来收款。

2.3.4　了解亚马逊跨境电商平台的政策规则

为了更好地运营店铺，卖家需要了解亚马逊跨境电商平台的政策规则。具体来说，卖家可以通过如下步骤查看亚马逊跨境电商平台的政策规则。

步骤 01 进入"亚马逊全球开店"页面，将鼠标放置在"最新资讯"选项卡上，单击弹出的列表框中的"政策规则"按钮，如图2-74所示。

图2-74　单击"政策规则"按钮

步骤 02 操作完成后，卖家即可看到"政策规则"板块的相关内容，如图 2-75 所示。

图 2-75　"政策规则"板块

步骤 03 卖家可以单击"政策规则"板块中的文章链接，查看具体的政策规则内容，如图 2-76 所示。

欧洲电子商务增值税法规7月1日生效，亚马逊卖家要做什么？

2021年5月23日 | 全文共3978字，大约需要12分钟

目录
1/ 法规变更详情须知
2/ 法规变更应对指南
3/ 常见问题解答
4/ 关于欧洲税务的更新
5/ 更多相关资料

想要掘金海外，稳步发展，遵守法规条例是重中之重！2021年7月1日起，欧洲电子商务增值税法规就要正式生效啦！为了帮助卖家们更好地理解欧洲电子商务增值税法规的变更，小编在这里整理了非常全面的信息整合，帮助大家参透欧盟新法规。（💡7月即将生效的另一重要法规，请见今日次条）话不多说，接下来就跟着小编一起看看吧！

◆1.法规变更详情须知

欧洲电子商务增值税法规正式生效，意味着发往欧盟的B2C订单即将开始代扣代缴增值税了。这个新法规将对使用亚马逊物流服务（FBA）和自配送（MFN）卖家造成影响。

📢请注意：

以下内容仅适用公司注册地在中国的卖家。

☞ 如果您是使用亚马逊物流服务（FBA）/第三方海外仓的卖家（欧盟境内库存发货给欧盟买家）：

配送至欧盟的B2C订单亚马逊将代扣代缴VAT；
7月1日后，您不适用欧盟新的远程销售阈值和Union-OSS。也就是说您只需在有库存的国家注册VAT就好，无须担心新的远程销售阈值。

*如果您想额外了解Union-OSS的相关信息，可点击此链接。

☞ 如果您是自配送（MFN）卖家（欧盟境外库存直接发货给欧盟买家）

● **NEW**配送至欧盟的B2C订单，货件价值≤€150的商品将被亚马逊代扣代缴，此类货件需要提供IOSS相关信息，来帮助欧盟海关判断此类货件已经被亚马逊代扣代缴，无须再征收相关进口增值税。（更多详情见下文常见问题）；
● **NEW**配送至**法国**的订单（其他欧盟国家不受影响），货件价值＞€150的商品将被限制销售，即7月1日之后您的买家将无法下单此类商品。

📢请注意：如果使用欧盟境内库存（FBA/海外仓）配送至法国则不会被限制销售。

🔍了解更多详情，请戳☞欧盟电子商务增值税7月1日变更事项

图 2-76　查看具体的政策规则内容

步骤 04 卖家也可以单击"政策规则"板块中的"查看更多"链接，进入"最新资讯"页面，查看更多的政策规则内容，如图 2-77 所示。

图 2-77　"最新资讯"页面

步骤 05 卖家可以单击"最新资讯"页面中时间后方的 + 图标，查看该时间内的相关政策和资讯。图 2-78 所示为 2021 年 4 月至 6 月的相关政策和资讯。如果卖家要查看其中的某个政策或资讯，只需单击对应的链接即可。

图 2-78　2021 年 4 月至 6 月的相关政策和资讯

2.3.5　Case 的含义与开 Case 的方法

Case 原意为"案件""案子"，在亚马逊跨境电商平台中，它表示的是卖家向平台进行咨询。而开 Case 则是卖家联系亚马逊客服，咨询相关事项或获得在线帮助。下面笔者就为大家介绍开 Case 的方法。

步骤 01 进入亚马逊官网的默认页面，单击页面中的"客户服务"按钮，如图 2-79 所示。

图 2-79 单击"客户服务"按钮

步骤 02 进入帮助页面，卖家可以单击页面中的链接查看相关内容。例如，可以单击"忘记密码"链接，如图 2-80 所示。

图 2-80 单击"忘记密码"链接

步骤 (03) 操作完成后，即可进入重置密码页面，直接查看重置密码的方法，如图 2-81 所示。

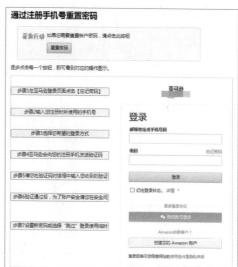

图 2-81　重置密码的方法

除了单击帮助页面中的链接之外，卖家还可以在帮助页面的搜索栏中输入关键词，查看对应的搜索结果。例如，当卖家输入"海外购"之后，便可以进入"帮助搜索结果"页面，查看与"海外购"相关的结果，如图 2-82 所示。

图 2-82　查看与"海外购"相关的结果

卖家可以直接单击"帮助搜索结果"页面中的链接，查看具体的内容。例如，卖家单击"什么是亚马逊海外购"链接，便可以查看亚马逊海外购的相关内容，如图 2-83 所示。

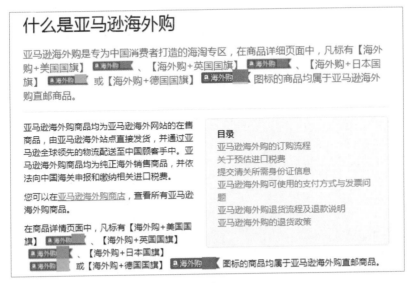

图 2-83　查看亚马逊海外购的相关内容

第 3 章
后台操作：熟练地使用后台功能

学前提示

对于卖家来说，要经营好一个店铺就很有必要了解后台的相关操作。因为无论是查看买家发送的相关信息，还是添加商品，都需要用到后台。因此，这一章笔者就为大家重点讲解后台操作，帮助大家熟练地使用亚马逊卖家后台的相关功能。

3.1 了解后台：登录与认识卖家后台

在正式使用后台进行操作时，卖家还需要先对后台有所了解。这一节，笔者就重点为大家讲解卖家后台的登录方法，以及卖家后台的相关页面，让大家快速对后台有所认识。

3.1.1 登录卖家后台的方式

卖家要使用亚马逊卖家后台，需要先进行登录。那么，如何登录亚马逊卖家后台呢？下面，笔者就为大家讲解具体的操作步骤。

步骤 01 进入"亚马逊全球开店"页面，将光标停留在页面上方菜单栏中的"登录"选项卡上，会出现一个下拉列表框。在下拉列表框中选择已经注册的店铺账户所在的平台按钮，并单击。因为笔者注册的是沙特阿拉伯的店铺账户，所以这里以单击"沙特卖家平台"按钮为例进行说明，如图 3-1 所示。

图 3-1 单击"沙特卖家平台"按钮

步骤 02 操作完成后，会弹出"登录"页面。该页面中会根据用户已注册的账户显示账户的相关信息，卖家确认账户信息无误后，输入账户密码；单击"登录"按钮，如图 3-2 所示。

步骤 03 操作完成后，会弹出"两步验证"提示框，与此同时，注册店铺账户时所留的手机上将收到一条包含一次性密码的信息。在该提示框中，输入一次性密码；单击"登录"按钮，如图 3-3 所示。

步骤 04 操作完成后，卖家即可进入沙特阿拉伯的卖家后台了。

专家提醒

亚马逊各卖家后台的功能基本相同，只是卖家进行的操作，会在对应站点的电商平台上执行。因此，在登录时，同时在几个站点注册了店铺的卖家，还是要根据自身的实际情况选择对应的卖家账户。

图 3-2　单击"登录"按钮

图 3-3　输入密码

3.1.2　后台主页面信息详解

登录店铺账户之后，卖家便可以进入对应卖家平台的后台（卖家后台）主页面。下面笔者就为大家详解后台的主页面信息。

卖家后台主页面的信息可以分为上、下两个部分。图 3-4 所示为卖家后台主页面的上半部分。由图 3-4 不难看出，该部分主要由 3 个方面的信息构成，❶菜单栏；❷店铺的相关信息；❸系统的提醒和相关消息。

图 3-4　卖家后台主页面的上半部分

卖家后台主页面的下半部分，则是卖家后台主页面上半部分左侧菜单栏中的子类目。图 3-5 所示为卖家后台主页面的下半部分。可以看到，该页面中便展示了菜单栏中"目录""库存""确定价格""订单""广告""品牌旗舰店""数据报告""绩效"和"应用商店"的子类目信息。

另外，如果卖家单击子类目中的链接，还可以进入子类目的链接页面，进行相关操作。例如，单击"确定价格"的"定价状况"子类目链接，便可进入"定价状况"页面，了解店铺中商品定价的相关信息，如图 3-6 所示。

图 3-5　卖家后台主页面的下半部分

图 3-6　"定价状况"页面

除了卖家后台之外，卖家还可以通过另一种方式查看左侧菜单栏的子类目，那就是将鼠标放在对应菜单栏所在的位置。例如，将鼠标放在菜单栏中的"订单"选项卡上，便会弹出与之对应的子类目列表框，如图 3-7 所示。

图 3-7　出现"订单"的子类目列表框

专家提醒

单击卖家主页下半部分中菜单栏的子类目链接和单击菜单栏下拉列表框中的子类目按钮，达到的效果是相同的。在实际操作时，卖家根据自身的习惯选择合适的操作方式即可。

3.1.3 卖家后台的设置技巧

有时候卖家需要通过卖家后台的"设置"功能，来设置账户和店铺的相关信息。下面笔者就为大家介绍卖家后台设置技巧的具体操作步骤。

步骤 01 进入卖家后台的主页面，将鼠标停留在右侧菜单栏中的"设置"选项卡上，会弹出与之对应的子类目列表框。选择需要设置的信息，并单击对应的按钮。以设置登录信息为例，这里只需要单击"登录设置"按钮即可，如图3-8所示。

步骤 02 操作完成后，会弹出"登录与安全"提示框。卖家可以根据自身需要设置信息所属的类别，单击对应类目后方的"编辑"按钮。以设置两步验证信息为例，卖家只需单击"两步验证设置："后方的"编辑"按钮即可，如图3-9所示。

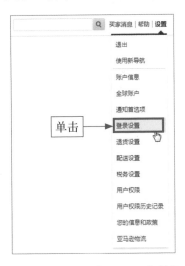

图3-8 单击"登录设置"按钮

图3-9 单击"编辑"按钮

专家提醒

在卖家后台中，卖家可以设置的信息有很多。本小节的步骤01和步骤02中都是举例进行说明的。在实际操作中，卖家根据自身需要设置的信息进行选择，并根据提示进行相关操作即可。

步骤 03 进入"两步验证设置"页面，卖家在该页面中执行相关设置操作即可。以设置两步验证的备用方式为例，卖家可以单击"备用方式"下方的"新增手机或认证器应用程序"链接，如图3-10所示。

步骤 04 进入"添加备用方式"页面，该页面中为用户提供了两种添加备用方式的方法，即电话号码和认证器应用。以电话号码添加备用方式为例，卖家只需输入备用手机号，单击"继续"按钮即可，如图3-11所示。

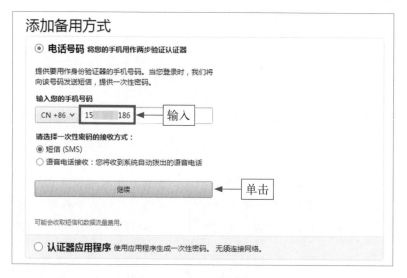

图 3-10 单击"新增手机或认证器应用程序"链接

图 3-11 单击"继续"按钮

步骤 05 操作完成后,进入"添加备用方式"页面,在页面中输入验证码;单击"继续"按钮,如图 3-12 所示。

步骤 06 操作完成后,返回"两步验证设置"页面。如果页面中"备用方式"的下方显示了手机号,就说明备用方式设置成功了,如图 3-13 所示。

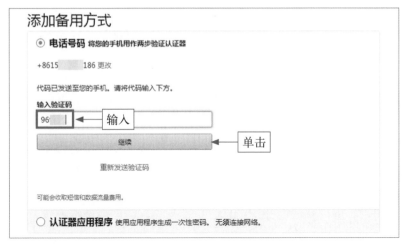

图 3-12　单击"继续"按钮

图 3-13　备用方式设置成功

3.1.4　查看后台的买家消息

买家消息是买家反馈意见的重要渠道，因此在运营亚马逊店铺的过程中，卖家很有必要查看买家消息，并对相关消息进行回复。

具体来说，卖家只需要单击卖家后台右侧菜单栏中的"买家消息"，即可进入"买家消息"页面，如图 3-14 所示。因为笔者是新建的店铺账户，还未销售商品，所以还没有收到买家的消息，页面中显示的是："没有需要回复的消息。"另外，有需要的卖家，还可以单击"买家消息"页面右侧"链接"板块中的链接，对买家消息的相关内容进行设置。

图 3-14　"买家消息"页面

3.2　基本操作：卖家后台的实操技巧

介绍完卖家后台的一些基本信息之后，接下来笔者就为大家介绍一些实操技巧，帮助大家快速掌握卖家后台的基本操作。

3.2.1　快速添加商品

卖家要想通过亚马逊店铺经营获得收益，就有必要在卖家后台中添加商品。那么，如何在卖家后台中添加商品呢？通常来说，卖家可以根据亚马逊平台中是否有该商品来选择商品的添加方式。下面笔者就分情况进行具体讲解。

1．添加平台已有商品

如果卖家要销售的商品是亚马逊平台中的在售商品，那么卖家便可以借助他人的商品信息模板来添加商品，具体操作步骤如下。

步骤 01　进入卖家后台的主页面，将鼠标停留在左侧菜单栏中的"目录"选项卡上，会弹出一个子类目列表框。单击列表框中的"添加商品"按钮，如图 3-15 所示。

图 3-15　单击"添加商品"按钮

步骤 02　进入"要开始添加商品"页面，在该页面中输入商品名称，如"遮阳帽"；单击 🔍 图标，如图 3-16 所示。

图 3-16 单击 🔍 图标

步骤 03 操作完成后，从搜索结果中找到需要添加的商品，单击该商品后方的"选择状况"按钮；单击下拉列表框中的"全新"按钮，如图 3-17 所示。

图 3-17 单击"全新"按钮

步骤 04 操作完成后，单击商品后方的"销售此商品"按钮，如图 3-18 所示。

图 3-18 单击"销售此商品"按钮

步骤 05 操作完成后，进入商品的"报价"页面。在该页面中填写卖家 SKU

（Stock Keeping Unit 的缩写，译为：库存量单位）、商品价格和商品数量等信息，单击"保存并完成"按钮，如图 3-19 所示。

图 3-19　单击"保存并完成"按钮

步骤 06　操作完成后，进入"库存"页面。如果页面中显示"您的更新已提交"，就说明商品添加信息提交成功了，如图 3-20 所示。

图 3-20　商品添加信息提交成功

步骤 07　等待一段时间后，刷新页面。如果刷新后的页面中，出现了刚刚添加的商品，并且显示该商品"在售"，就说明商品添加成功了，如图 3-21 所示。

图 3-21　商品添加成功

2．添加平台中没有的商品

如果卖家要销售的商品是亚马逊跨境电商平台中没有的商品，那么卖家便可以自行添加新商品，具体操作步骤如下。

步骤 01　进入卖家后台的主页面，将鼠标停留在左侧菜单栏中的"库存"选项卡上，会弹出一个子类目列表框。单击列表框中的"添加新商品"按钮，如图 3-22 所示。

图 3-22　单击"添加新商品"按钮

步骤 02　进入"要开始添加商品"页面，单击"我要添加未在亚马逊上销售的新商品"链接，如图 3-23 所示。

图 3-23　单击"我要添加未在亚马逊上销售的新商品"链接

步骤 ⑩ 进入"选择商品类别"页面，卖家可以在该页面中通过搜索商品类别或在"浏览"板块中选择类别的方式，寻找要添加的商品类别，如图 3-24 所示。

图 3-24 "选择商品类别"页面

步骤 ⑭ 以"浏览"板块中选择类别为例，如果卖家要添加 T-Shirts（T 恤），可以在浏览板块中依次选择 Fashion（时尚）、Men（男士）、Clothing（服装）、Activewear（运动服）和 Shirts & Tees（衬衫和 T 恤），并单击 T-Shirts 右侧的"选择类别"按钮，如图 3-25 所示。

图 3-25 单击"选择类别"按钮

步骤 ⑮ 操作完成后，进入"重要信息"页面，打开"高级视图"功能。在该页面中填写商品编码、商品名称、是否成人用品、品牌、面料和类别等信息，如图 3-26 所示。

图3-26 "重要信息"页面

步骤 06 进入"变体"（具有关联性的一组商品，例如同一款服装的不同颜色便属于变体）页面，填写变体主题等信息，如图3-27所示。

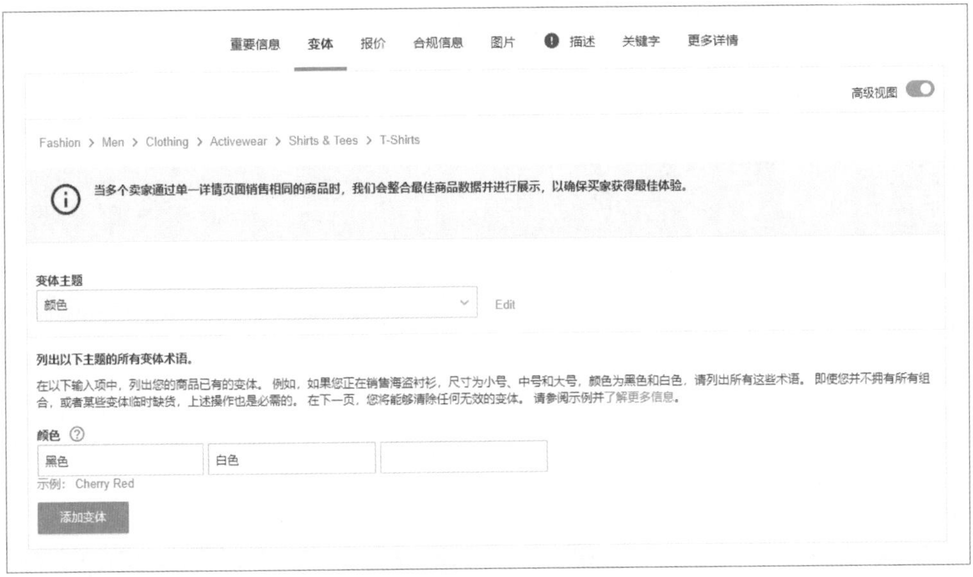

图3-27 "变体"页面

步骤 07 进入"报价"页面，填写订单商品最大数量、处理时间、可否提供礼品信息和可否提供礼品包装等信息，如图3-28所示。

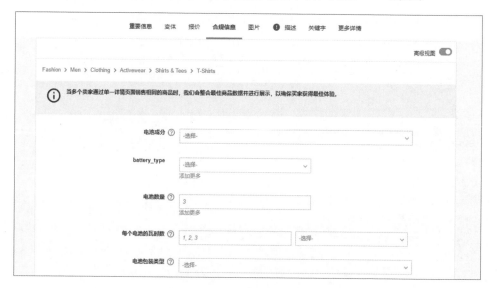

图 3-28　"报价"页面

步骤 08 进入"合规信息"页面，该页面中主要是填写与电池相关的信息，因为 T 恤中不包含电池，所以这里可以直接略过不填，如图 3-29 所示。

图 3-29　"合规信息"页面

步骤 09 进入"图片"页面，在该页面中上传商品的主图、侧面图和细节图等图片，如图 3-30 所示。

步骤 10 进入"描述"页面，在该页面中填写描述和商品特性等信息，如图 3-31 所示。

图 3-30 "图片"页面

图 3-31 "描述"页面

步骤 ⑪ 进入"关键字"页面，在该页面中填写搜索关键词等信息，如图 3-32 所示。

步骤 ⑫ 进入"更多详情"页面，在该页面中填写型号、里料、产品款式和裁剪样式等信息，如图 3-33 所示。

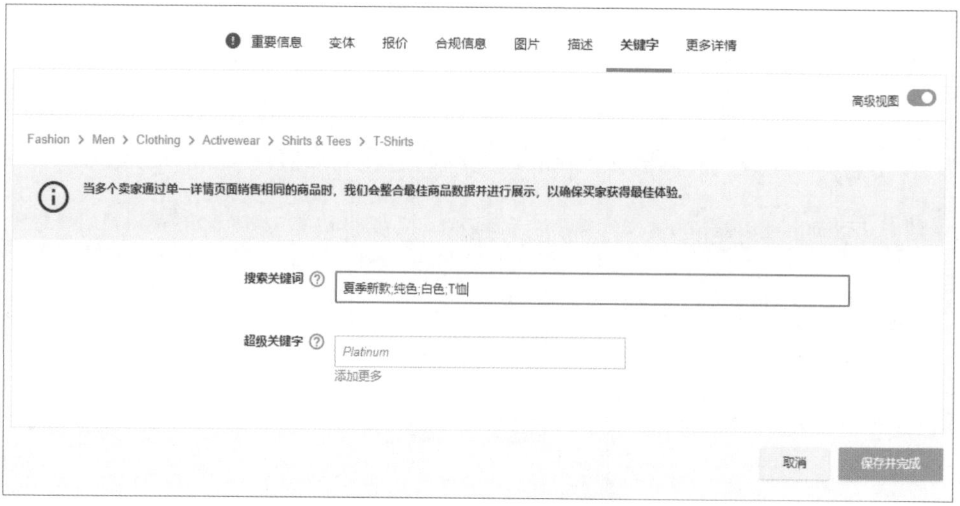

图 3-32　"关键字"页面

图 3-33　"更多详情"页面

步骤⑬　全部信息填写完成之后，单击"保存并完成"按钮，便可提交新商品的信息。

前文提到，卖家可以通过搜索商品类别或在"浏览"板块中选择类别的方式，寻找要添加的商品类别。需要注意的是，当卖家通过搜索商品类别寻找要添加的商品类别时，最好使用英文进行搜索，因为有时候用中文可能搜索不出来。

以添加"食物"为例，如果卖家直接搜索"食物"，会显示"未找到匹配的类别"，如图 3-34 所示。而当卖家搜索"食物"对应的英文单词为"food"时，则显示了 7 个匹配的类别，如图 3-35 所示。

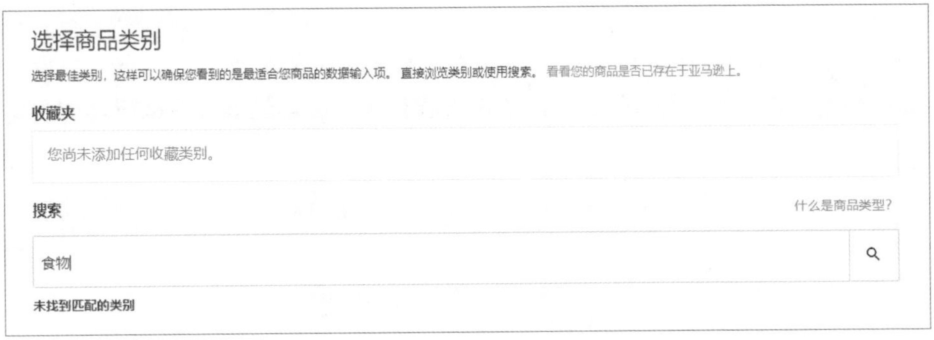

图 3-34　显示"未找到匹配的类别"

图 3-35　显示 7 个匹配的类别

另外，在填写商品信息的过程中，如果某个页面对应按钮的前方出现 ❗ 图标，就说明该页面有信息不符合要求。此时，卖家需要按要求重新填写信息，否则商品将无法完成添加。

3.2.2　商品配送的基本设置

商品配送信息的设置主要可以分为两种，即一般配送信息的设置和配送模板信息的设置。下面将分别进行说明。

1. 一般配送信息的设置

一般配送信息的设置主要是对默认的配送信息进行编辑和修改，具体操作步骤如下。

步骤 01 进入卖家后台的主页面，将光标停留在右侧菜单栏中的"设置"选项卡上，会弹出一个子类目列表框。单击列表框中的"配送设置"按钮，如图 3-36 所示。

图 3-36 单击"配送设置"按钮

步骤 02 进入"配送设置"的"一般配送设置"板块，单击默认配送地址后方的"编辑"按钮，如图 3-37 所示。

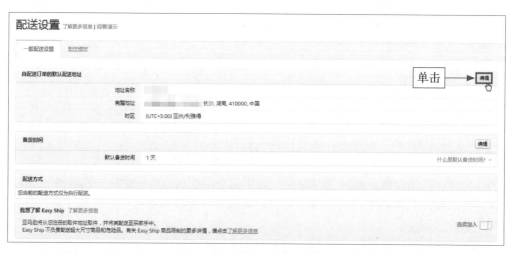

图 3-37 单击"编辑"按钮

步骤 03 进入"编辑默认配送地址"页面，单击默认配送地址后方的"编辑"按钮，如图 3-38 所示。

步骤 (04) 进入"编辑地址"页面，对页面中的相关信息进行修改，单击"保存"按钮，如图 3-39 所示。

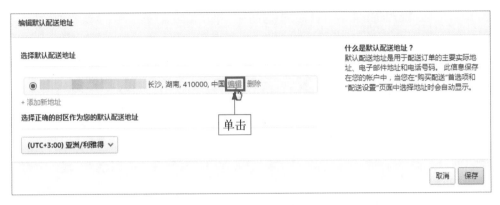

图 3-38 单击"编辑"按钮

图 3-39 单击"保存"按钮

步骤 (05) 操作完成后，返回图 3-37 所示的"一般配送设置"板块。如果此时默认配送地址中的相关信息发生了变化，就说明默认配送地址的信息修改成功了。

2．配送模板信息的设置

除了设置一般配送信息之外，卖家还可以对配送模板的相关信息进行设置，具体步骤如下。

步骤 ①1 进入"一般配送设置"板块所在的页面，单击页面中的"配送模板"按钮，如图 3-40 所示。

图 3-40 单击"配送模板"按钮

步骤 ①2 进入"配送设置"页面的"配送模板"板块，单击默认模板中的"编辑模板"按钮，如图 3-41 所示。

图 3-41 单击"编辑模板"按钮

步骤 ①3 进入配送模板的信息设置页面，在该页面中设置相关信息，如将配送费设置为 30 SAR（沙特里亚尔，沙特阿拉伯的货币名称），单击"保存"按钮，如图 3-42 所示。

步骤 ①4 返回"配送设置"的"配送模板"板块，如果此时模板中的运费变成了 30 SAR，就说明配送模板信息设置成功了，如图 3-43 所示。

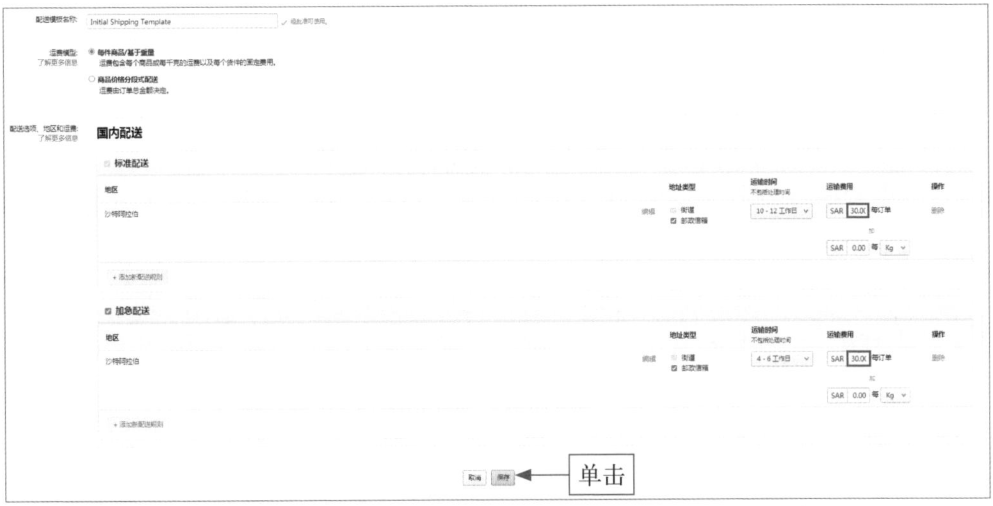

图 3-42 单击"保存"按钮

图 3-43 配送模板信息设置成功

除了对默认配送模板中的信息进行设置之外，卖家还可以创建新的配送信息模板。下面笔者就具体介绍创建新配送信息模板的操作步骤。

步骤 01 进入"配送设置"页面的"配送模板"板块，单击板块中的"创建新配送模板"按钮，如图 3-44 所示。

步骤 02 操作完成后，页面中会弹出"创建新模板"提示框。单击提示框中的"确定"按钮，如图 3-45 所示。

步骤 03 进入配送模板的信息设置页面，对配送相关信息进行设置。例如，卖家可以将配送模板名称改为"免运费模板"，将运费改为 0 SAR，并单击"保存"按钮，如图 3-46 所示。

步骤 04 返回"配送设置"页面的"配送模板"板块，如果此时该页面中出现了"免运费模板"的相关信息，就说明新的配送模板创建成功了，如图 3-47 所示。

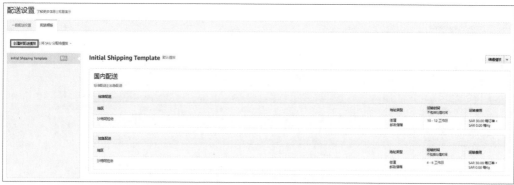

图 3-44　单击"创建新配送模板"按钮

图 3-45　"创建新模板"提示框

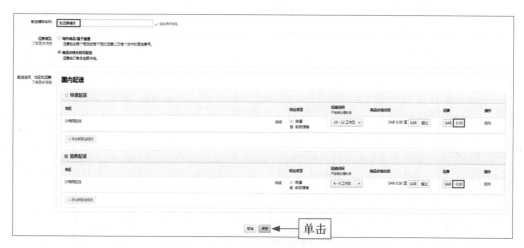

图 3-46　对配送相关信息进行设置

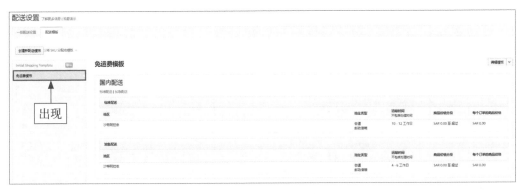

图 3-47　新的配送模板创建成功

3.2.3　设置单个商品包邮

卖家可以针对单个商品设置对应的运费，例如，可以将某个商品设置为包邮（即免运费），具体操作步骤如下。

步骤 ① 进入"管理库存"页面，单击需要设置包邮的商品（可以看到，此时该商品的配送费为 30 SAR）后方的"编辑"按钮，如图 3-48 所示。

图 3-48　单击"编辑"按钮

步骤 ② 进入商品的"报价"页面，单击配送模板后方的 Initial Shipping Template 按钮；操作完成后，会弹出一个下拉列表框，单击下拉列表框中的"免运费模板"按钮，如图 3-49 所示。

步骤 ③ 单击"报价"页面中的"保存并完成"按钮，如图 3-50 所示。

步骤 ④ 操作完成后，会弹出"已提交更改"提示框。单击提示框中的"完成"按钮，如图 3-51 所示。

步骤 ⑤ 返回"管理库存"页面，如果此时显示："您的更新已提交。"就说明商品包邮信息设置提交成功，如图 3-52 所示。

步骤 ⑥ 等待一会儿，刷新页面。如果刷新后的页面中，对应商品的配送费显示为 0 SAR，就说明商品包邮设置成功，如图 3-53 所示。

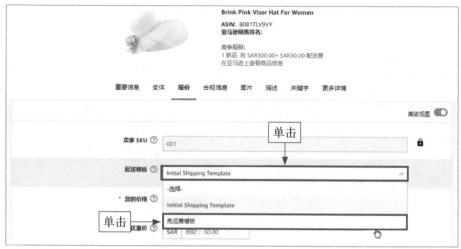

图 3-49　单击"免运费模板"按钮

图 3-50　单击"保存并完成"按钮

图 3-51　单击"完成"按钮

图 3-52　商品包邮信息设置提交成功

图 3-53　商品包邮设置成功

3.2.4　设置亚马逊物流信息

许多卖家在店铺运营的过程中，可能需要用到亚马逊物流。那么，如何对亚马逊物流的相关信息进行设置呢？具体操作步骤如下。

步骤 01　进入卖家后台的主页面，将鼠标停留在右侧菜单栏中的"设置"选项卡上，会弹出一个子类目列表框。单击列表框中的"亚马逊物流"按钮，如图 3-54 所示。

步骤 02　进入"亚马逊物流设置"页面，卖家可以在该页面中对入库和商品支持信息进行设置。以入库设置为例，卖家只需单击"入库设置"后方的"编辑"按钮即可，如图 3-55 所示。

步骤 03　进入"入库设置"页面，卖家可以在该页面中选择启用或禁用"显示受限商品警告"和"显示商品是否可售的提示"，选择完成后，单击"更新"按钮，如图 3-56 所示。

步骤 04　操作完成后，如果自动返回"亚马逊物流设置"页面，并显示"成功"，就说明亚马逊物流信息设置成功，如图 3-57 所示。

从零开始做亚马逊跨境电商

图 3-54　单击"亚马逊物流"按钮

图 3-55　单击"编辑"按钮

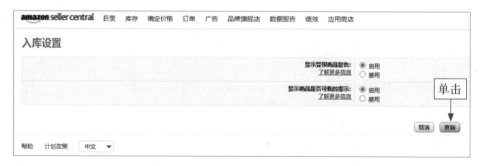

图 3-56　单击"更新"按钮

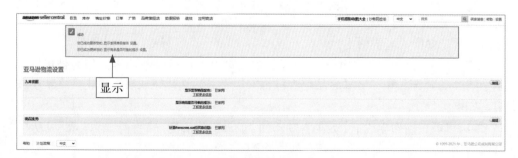

图 3-57　亚马逊物流信息设置成功

第 4 章

选品要点：款款都有看点与创意

学前提示

在亚马逊跨境电商的运营过程中，选品非常关键。如果你选择的商品，款款都有看点与创意，那么用户自然会更愿意进行购买。具体来说，亚马逊跨境电商选品有哪些要点，如何更好地挑选到用户需要的商品呢？本章笔者将给出答案。

4.1 选品逻辑：轻松开启爆单模式

做什么事情都要找到逻辑，只有这样才能采取合适的方案，轻松地完成目标。选品也是如此，我们如果找到了选品逻辑，知道怎样快速找到用户需要的商品，就能轻松开启爆单模式。这一节，笔者就重点介绍亚马逊选品的逻辑。

4.1.1 选品是一个不断尝试的过程

对于大多数卖家来说，选品就是根据用户的需求不断调整方向，从而找到用户更满意的商品，并进行销售。这也就意味着，选品会是一个不断尝试并调整的过程，卖家可能很难一下就选中满足用户需求的商品。

对此，卖家可以先将商品上架，然后通过买家的评价了解商品的不足，并根据买家的评价对商品进行调整，让商品满足更多用户的需求。具体来说，卖家可以通过如下步骤查看买家的评价。

步骤 ①1 进入亚马逊平台中对应商品的销售页面，单击"星级"链接，如图 4-1 所示。

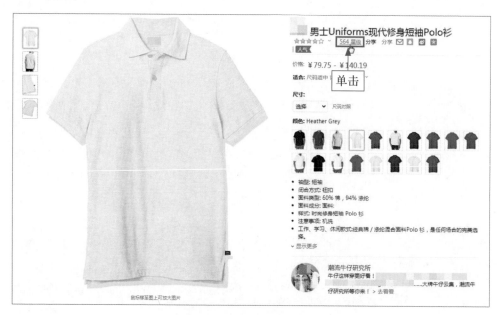

图 4-1 单击"星级"链接

步骤 ②2 操作完成后，进入"买家评论"页面，在该页面中，我们可以查看商品的总体评分情况，以及各位买家给出的评论，如图 4-2 所示。

通过图 4-2 中的买家评论，我们可以看到该商品可能存在做工比较差、尺码不太标准等问题。对此，卖家可以抽查部分商品，查看是否真的存在这些问题，如果真的存在问题就要在生产过程中进行相应调整，改进之后生产和上架的商品便会更加适合用户的需求。

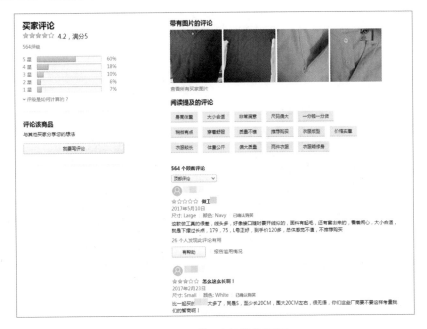

图 4-2　"买家评论"页面

当然，卖家也可以根据买家的评论重新进行选品，例如，针对做工比较差的问题，卖家可以重新选择做工更好的商品；针对尺码不准的问题，卖家可以严格按照尺码标准选择符合要求的商品。

大多数卖家，特别是没有选品经验的卖家，可能很难一次就选准商品。对此，为了控制选品失败带来的损失，卖家可以先控制所选商品的进货量，等确定商品受用户欢迎之后，再进货扩充库存。

4.1.2　抓住用户的需求和痛点选品

卖家在选品时，一定要抓住用户的需求和痛点，只有这样，卖家选择的商品才会更加符合用户的需求，让用户更愿意进行购买。

1. 抓住需求

所谓抓住需求，简单地说，就是先分析用户的需求，然后根据需求选择商品并进行销售。需要特别说明的是，因为在亚马逊平台上架的商品是要销往境外的，而境外的气候、环境和习俗等与国内可能存在一定差异，所以卖家在选品时一定要充分考虑销往地的具体情况。

图 4-3 所示为两款男装上衣。如果我们在冬季上架，将其销往瑞典，那么选择哪款男装进行销售合适呢？答案很显然是选择图 4-3 左侧这款毛衣。因为瑞典

冬季气温比较低，所以他们需要的是保暖效果相对较好的上衣。因此，从用户的需求来看，选择保暖效果更好的毛衣进行销售显然更适合一些。

瑞典用户为了节省开支，可能会选择购买反季节服装，但这样的用户毕竟只是少数。而且瑞典的夏季，日均最高气温也只有 20 摄氏度左右，有的用户甚至都不需要购买短袖。因此，选择销售短袖显然是不太合适的。

图 4-3　两款男装上衣

2. 抓住痛点

痛点，就是用户亟须解决的问题，没有解决痛点，就会很痛苦。用户为了解决自己的痛点，一定会主动地去寻求解决办法。对此，卖家可以提供商品帮助用户来解决痛点。

例如，有的女性有一点肥胖，甚至于有一些小肚子。此时，小肚子就成了这些女性用户的痛点。为了解决这个痛点，部分女性可能会选择减肥，减少肚子上多余的赘肉。部分女性用户为了不让别人看见自己的小肚子，可能会选择购买比较宽松的服装。

图 4-4 所示为两款女装。如果卖家的销售对象是有小肚子的女性用户，那么选择哪款女装比较合适呢？答案很显然是图 4-4 右侧这款女装。这主要是因为图 4-4 左侧这款女装比较修身，而且其腹部设计得相对较窄，有小肚子的女性穿上这款女装之后，身材的缺陷就暴露无遗了。相比之下，图 4-4 右侧这款女装就不会出现这种情况，因为右侧这款女装整体设计偏宽松，穿上之后，即便有小肚子也是看不出来的。

卖家一定要清楚一点，那就是人都是爱美的，谁都不愿意让别人看到自己身材上存在的缺陷。在这种情况下，身材上的缺陷便成了用户的一个痛点。对此，卖家可以找到用户的痛点，进行针对性的营销，将商品卖给特定的用户。例如，可以将鞋底比较厚的鞋子卖给个子比较矮的用户，用以弥补这些用户在身高上的缺陷。

图 4-4　两款女装

4.1.3　亚马逊运营的选品思路解析

卖家在选择商品时，要以市场为导向，市场需要什么，就销售什么。这种选品思路可以说在任何情况下都是适用的。然而，在实际操作时，部分卖家，特别是新手卖家的选品思路却存在着一些偏差。

例如，有的卖家不考虑市场的需求，一味地销售自己生产的商品。这种做法虽然能够将手中的商品销售出去，减少库存压力。但是，却会对店铺的口碑造成不利影响。因为卖家只顾着卖出已有的商品，忽视了用户的需求，所以用户在购买商品之后，可能会觉得商品与自己的预期存在一定的距离。在这种情况下，用户可能会给出差评，而店铺的口碑则会因此一路下滑。

又如，有的卖家根据其他平台上的销售情况，来判断商品在亚马逊平台上的受欢迎程度。对此，卖家需要明白的一点是，每个平台的用户都有其独特性，在这个平台上受欢迎的商品，在另一个平台上可能无人问津。因此，这种根据其他平台销售情况进行选品的思路，既有可能让卖家选到冷门商品，也有可能让卖家错失爆品。下面笔者就来结合淘宝和亚马逊平台上的部分商品进行简单的说明。

图 4-5 所示为淘宝平台上某店铺中某款照明灯的销售页面。可以看到，该店铺中这款照明灯的累计评论和交易成功数都为 0。也就是说，没有人在这家淘宝店铺中购买这款照明灯。

那么，这是不是说明这款照明灯在亚马逊平台上也不受欢迎呢？答案是否定的。图 4-6 所示为同款照明灯在亚马逊平台上的销售页面。可以看到，该照明灯的星级为 7797（即该商品有 7797 个评论）。这就说明这款照明灯在亚马逊平台上是比较受欢迎的。

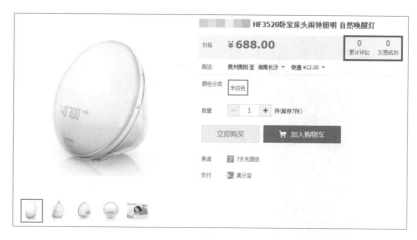

图4-5　淘宝平台上某店铺中某款照明灯的销售页面

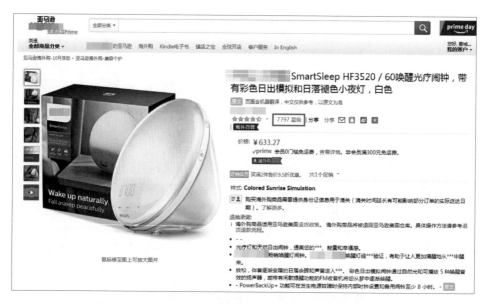

图4-6　同款照明灯在亚马逊平台上的销售页面

　　同样地，在淘宝平台上销量较高的商品，在亚马逊平台上不一定会受用户的欢迎。图4-7所示为淘宝平台上某店铺中某款篮球鞋的销售页面。可以看到，该款篮球鞋的累计评论量为447，交易成功量为411。从这些数据来看，该款篮球鞋在淘宝平台上还是比较受欢迎的。

　　那么，这款篮球鞋在亚马逊平台上是不是也同样受用户的欢迎呢？答案是否定的。图4-8所示为同款篮球鞋在亚马逊平台上的销售页面。可以看到，该款篮球鞋的星级仅为9（只有9个评论）。这说明亚马逊平台上购买该款篮球鞋的用户比较少，很显然，相比之下，它更受淘宝用户的欢迎。

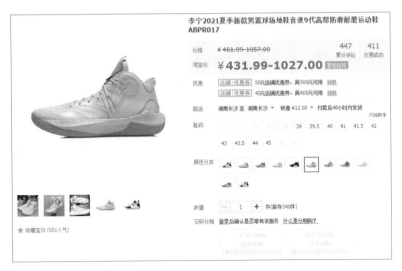

图4-7　淘宝平台上某店铺中某款篮球鞋的销售页面

图4-8　同款篮球鞋在亚马逊平台上的销售页面

从上面的案例不难看出，不同平台上用户的购买偏好可能会存在一定的差异。因此，单纯根据一个平台的销量进行选品是不太合适的。

4.1.4　亚马逊选品思维之刚需制胜

刚需，即刚性需求，是受价格影响较小的需求，即便价格出现一定的变化，需求也不会产生很大的变化。对于卖家来说，如果选中具有刚需的商品进行销售，那便相当于赢在了起点。

有的卖家可能有过这样的经历：店铺中只销售几种商品，也没有做过营销推广，但是一直会有订单。这很可能是因为用户对这些商品具有刚性需求，所以即便没有太多选择，用户依然会进行购买。

因此，卖家可以用心寻找和挖掘具有刚性需求的商品，只要找到了，用户就会愿意购买。因为这样的商品能直接满足用户的需求，而且在很多情况下，对于这类商品，用户也没有很多的选择空间。

4.1.5 学会从分析商品到评估店铺

商品刚上架不久，或者商品的销量不是很高时，商品的买家评论数可能不是很多。图 4-9 所示为某商品的"买家评论"页面。可以看到，该商品仅有 5 个评论，而且用户对该商品的评论褒贬不一，既有给 5 星的，也有给 1 星的。此时，就很难根据买家评论来准确地评估商品。

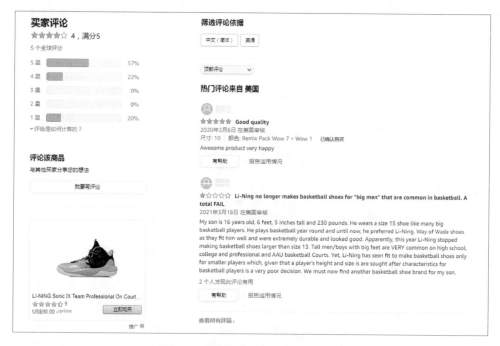

图 4-9 某商品的"买家评论"页面

在这种情况下，部分用户可能会转变思路，通过评估店铺来分析商品。因为在很多用户看来，店铺的整体评估能从一定程度上反映其销售的商品的质量。

具体来说，用户可以单击商品销售页面中"卖家"后方店铺名称对应的链接（图中的"PRO Care"链接），如图 4-10 所示。

图 4-10 单击商品销售页面中"卖家"后方店铺名称对应的链接

操作完成后，即可进入店铺评估页面，如图 4-11 所示。在该图中，用户不仅可以查看店铺的好评度，而且可以查看买家的反馈意见。

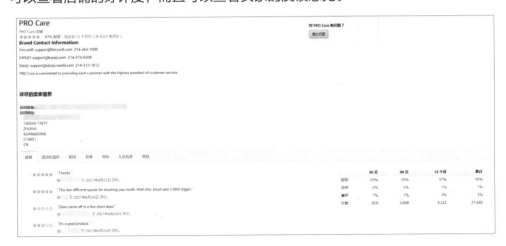

图 4-11 店铺评估页面

当用户看到图 4-11 所示的店铺评估时，就会觉得这家店铺的好评度比较高，因此其销售的商品通常都是比较有保障的。在这种情况下，即便用户对该店铺中的某款商品褒贬不一，也可能会选择购买该款商品。

所以，卖家在做选品时，要严格甄选每一款商品，因为每一款商品都会影响店铺的评估，而店铺的评估又会直接影响用户的购买意愿。

4.1.6 新手卖家选品时的常见误区

新手卖家在选品时，因为缺乏经验，可能会陷入一些误区。这一小节，笔者就为大家介绍新手卖家选品时的常见误区，帮大家避雷。

1．选品过于随意

选品对于店铺的运营至关重要，卖家在选择任何一款商品时都应该重视。但是，有的卖家在选品时过于随意。

例如，有的卖家在选品时单纯以个人喜好为标准，只选择自己有"眼缘"的商品。这样做很容易出现问题，因为卖家个人的喜好是比较主观的，卖家喜欢的东西，亚马逊平台上的用户不一定也喜欢。在这种情况下，如果卖家在进货时大量购入自己喜欢的商品，就很有可能会造成库存的积压。

2．不了解竞争对手

在选品时，卖家要认真分析竞争对手的商品，因为用户在购买商品时也会进行对比，并从中选择更符合自身需求的商品。因此，卖家选品时要充分了解竞争对手的商品优势，并据此选择某些方面比竞争商品更具优势的商品。只有如此，卖家选择的商品才会在竞争中处于优势地位，被更多用户购买。

3．不注重数据评估

与个人主观的偏好不同，数据是直观且客观的。如果卖家要更准确地判断商品的受欢迎程度，就应该用数据做好评估。卖家在运营亚马逊店铺时，会用到许多工具，这些工具中都会提供与商品相关的数据，卖家可以依靠这些数据进行选品决策。

4．没有把握好质量

无论何时，质量都是用户购买商品时重点考虑的因素之一。对于卖家来说，商品的质量可以说是店铺的命脉，如果卖家销售的商品质量不过关，那么店铺将收到很多差评，口碑会一路下滑。在这种情况下，店铺是很难长久运营下去的。因此，在选品时，卖家一定要把握好商品的质量，把质量作为选品的首要考虑因素。

5．不注重知识产权

部分新手卖家由于经验不足，在选品时会盲目跟风，选择亚马逊平台上销量较好的商品进行销售。这样做商品很可能会因为侵权而被迫下架。因为在亚马逊平台上那些销量好、竞争对手又少的商品，通常都申请了专利知识产权。如果卖家再销售同样的商品，便属于侵权了。

4.2 选品技巧：快速找到潜力爆款

选品是有技巧的，只要掌握了技巧，卖家就能快速找到具有爆款潜力的商品。这一节笔者就为大家介绍选品的技巧，让大家能够找到更多爆款商品。

4.2.1 掌握亚马逊选品的 5 个要点

做一件事的时候，如果我们掌握了要点，那这件事做起来就会容易得多。亚马逊选品也是如此，具体来说在做选品时，卖家需要掌握以下 5 个要点。

1. 选品范围要广泛

卖家，特别是新手卖家在选品时可以将商品的类目放得广泛一些，这样卖家不仅能够熟悉更多的类目和商品，而且能发现更多有成为爆款潜力的商品。卖家只需从中选择自己感兴趣的、有市场潜力的商品进行销售，就能打造出爆款商品。

2. 专业知识要掌握

在选品时，卖家需要掌握相关的专业知识，知道选择某种商品要重点关注哪几个要点。这样卖家在选品时就会更加有的放矢，而根据这些要点选择的商品也会具有更强的竞争力。这也相当于是卖家先对商品进行筛选，把自己认为有成为爆款潜力的商品先选出来。

3. 对商品要精挑细选

卖家要亲自参与选品，对商品进行精挑细选。有需要时，卖家还应该亲身试用商品，并根据自己的体验选择其中更符合自身需求的商品。这样选出来的商品整体质量会比较高，也更加能满足用户的需求。

4. 要懂得坚持和重复

选品看似只是选择商品，然后上架进行销售。但是，这其中有很多门道，卖家很难一下就选中爆款商品。因此，在选品时，卖家还得懂得长期坚持、反复甄选，并在此基础上积累经验。这样，卖家选品的经验就会越来越丰富，看爆品的眼光也会越来越准确。

5. 要立足数据分析

人在看待一件事的时候，通常都会带有主观因素，选品也是如此。很多卖家在选品时会因为自己喜欢就觉得商品肯定会成为爆款。其实，一款商品能否成为爆款，完全可以用数据来说话。因此在选品时，卖家可以结合商品的数据来判断其成为爆款的潜力。

4.2.2 掌握亚马逊选品的"三板斧"

很多人都知道阿里巴巴的管理"三板斧"：揪头发、照镜子、闻味道。其实，这"三板斧"在亚马逊选品时也是同样适用的，下面笔者就进行具体分析。

1．揪头发

所谓"揪头发"，简单来说，就是揪着头发进行思考，不顾自身的形象，为了自己的目标全力、全面地进行思考。

很多卖家不知道如何进行选品，此时便可以"揪头发"，对市场上相关的商品一一进行筛选，充分考虑这些商品的优势和不足。这样做可以很直观地把握各商品的优缺点，快速、精准地找到表现更好的商品。

2．照镜子

所谓"照镜子"，就是寻找主要竞争对手，并将对手作为自己的镜子，将自己作为对手的镜子，进行对比分析，了解各自的优势和不足。

这样做不仅可以快速看到自身的优势和不足，而且能学习和借鉴对手的长处。反映到选品上，就是能够发现自身选品过程中做得好的地方和做得不好的地方，并学习竞争对手在选品上的经验。或者说是了解自身所选商品的优缺点，以及该商品与竞争对手的商品相比有哪些优缺点。

3．闻味道

所谓"闻味道"，就是通过对自身情况进行分析，了解自身的实际情况，并对自身进行反思和复盘，从而让自己的味道更好闻（反映在选品上，就是让所选的商品被更多用户喜欢）。

"闻味道"可以理解成对选品的总结和分析。对于卖家来说，选品是一个长期的工作，而通过"闻味道"总结经验，则可以不断提高自身的选品能力，让选品更加精准，从而找到更多爆款商品。

4.2.3　亚马逊选品的 7 种常用方法

在做亚马逊选品时，卖家要掌握方法。这一节笔者就为大家介绍亚马逊选品的常用方法，帮助大家可以快速选到有可能成为爆款的商品。

1．数据选品法

数据选品法就是卖家设定一定的数据门槛，然后选择达到该门槛的商品进行销售。在使用这种方法选品时，卖家需要对商品的关键数据进行评估，了解商品成为爆款的潜力。卖家不仅可以在销售商品之前用数据选品法对要销售的商品进行评估，而且可以在商品销售过程中对商品的受欢迎程度进行评估，选择更有可能成为爆款的商品进行重点销售。

2. 排行榜选品法

排行榜选品法就是通过排行榜查看受用户欢迎的商品，然后据此确定选品思路。通常来说，排行榜，特别是销售排行榜上的商品，都具有成为爆款的潜力。查看排行榜不仅能了解相关商品的销售情况，而且能据此判断用户的购物偏好。具体来说，在亚马逊跨境电商平台中，卖家可以通过如下具体操作步骤查看对应商品类目的销售排行榜。

步骤 01　进入亚马逊跨境电商平台中星级数较高的商品的销售页面，滑动鼠标查看商品的基本信息，单击基本信息中相关排名后方的类目链接，如图 4-12 所示。

图 4-12　单击基本信息中相关排名后方的类目链接

步骤 02　进入"亚马逊销售排行榜"页面，即可查看该类目的销售排行榜。如果卖家要查看其他类目的排行榜，可以单击菜单栏中的类目链接，如图 4-13 所示。

图 4-13　单击菜单栏中的类目链接

步骤 ⑬ 操作完成后，即可查看对应类目的销售排行榜，如图 4-14 所示。

图 4-14 对应类目的销售排行榜

步骤 ⑭ 滑动鼠标，即可在销售榜第 6 名至第 10 名的下方，看到该类目的新品排行榜和销售飙升榜链接。卖家可以单击链接，查看对应的排行榜。例如，卖家可以单击"新品排行榜"链接，如图 4-15 所示。

图 4-15 单击"新品排行榜"链接

步骤 ⑮ 操作完成后，即可查看对应类目的新品排行榜，了解该类目受欢迎的商品，如图 4-16 所示。

图 4-16　对应类目的新品排行榜

步骤 06 当然，卖家也可以单击图 4-15 中的"销售飙升榜"链接，查看对应类目的销售飙升榜，如图 4-17 所示。

图 4-17　对应类目的销售飙升榜

3. 店铺观察法

店铺观察法就是查看优秀店铺，特别是优秀同类店铺销售的商品，然后据此进行选品，做好商品布局。通过对优秀同类店铺的观察，卖家可以快速了解主要竞争对手销售的商品，从而找到可以与之抗衡的商品。具体来说，卖家可以通过如下具体操作步骤查看他人店铺中销售的商品。

步骤 ⑪ 进入优秀同类店铺的评估页面，单击页面中的"商品"按钮，如图 4-18 所示。

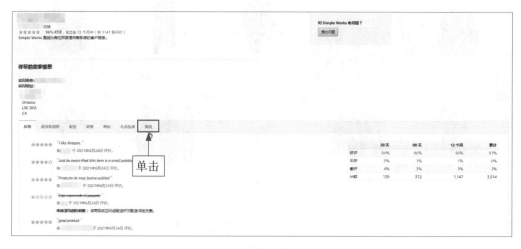

图 4-18　单击"商品"按钮

步骤 ⑫ 操作完成后，即可在该店铺的商品列表中，查看店铺所售商品的相关信息，如图 4-19 所示。

图 4-19　店铺的商品列表

4．类目精选法

类目精选法就是卖家确定要销售某个类目的商品之后，便查看该类目的具体子类目，并选取其中具有成为爆款潜力的商品进行销售。当然，在使用这种方法选品时，卖家还得先了解亚马逊平台中对应类目包含的产类目别。具体来说，卖家可以通过如下具体操作步骤查看亚马逊平台中对应类目包含的产类目别。

步骤 01　进入亚马逊官网的默认页面，单击页面左上方的"全部"按钮，如图 4-20 所示。

图 4-20　单击"全部"按钮

步骤 02　操作完成后，页面左侧会弹出一个列表框。从电子产品为例，单击列表框中"全部商品分类"板块下方的"电子产品"，如图 4-21 所示。

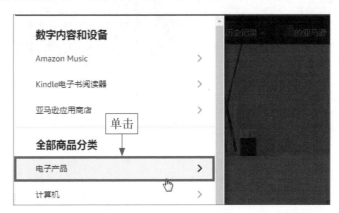

图 4-21　单击列表框中"全部商品分类"板块下方的"电子产品"

步骤 03　操作完成后，即可看到对应商品分类包含的类目。如图 4-22 所示，为"电子产品"包含的类目。

步骤 04　卖家可以单击图 4-22 中的某个类目，查看其包含的子类目。例如，单击"配件和耗材"按钮，便可查看"配件及用品"的子类目及相关的在售商品，如图 4-23 所示。

图 4-22　"电子产品"包含的类目

图 4-23　"配件及用品"的子类目及相关的在售商品

5．网站选品法

网站选品法是通过货源网站选取适合的商品，或者选取有成为爆款潜力的商品进行销售。目前，亚马逊卖家常用的货源选品网站为 1688 网，卖家可以通过如下具体操作步骤在该网站上选取要销售的商品。

步骤 ①　进入 1688 网的官网默认页面，单击页面中的"跨境专供"按钮，如图 4-24 所示。

图 4-24 单击"跨境专供"按钮

步骤 02 操作完成后，进入 1688 网的"跨境专供"页面，如图 4-25 所示。卖家可以在页面搜索栏中输入关键词，并单击"搜索"按钮，查找对应商品的货源。例如，在搜索栏中输入"手机"，并单击"搜索"按钮，便可以在搜索结果中看到手机类商品共有 37119461 件，如图 4-26 所示。

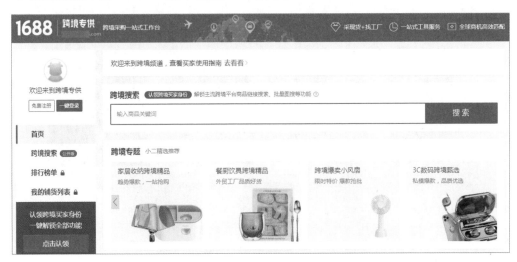

图 4-25 1688 网的"跨境专供"页面

步骤 03 卖家还可以在搜索结果中选择商品信息的相关选项，对商品进行筛选。例如，在手机类商品的搜索结果中选择"智能手机""2000 万以上（像素）"，系统便会自动筛选符合要求的商品，如图 4-27 所示。

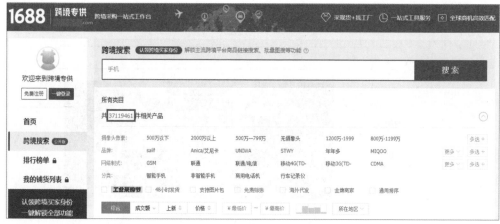

图4-26　手机类商品的搜索结果

图4-27　系统自动筛选符合要求的商品

6. 社交选品法

社交选品法就是通过社交媒体查看商品的热度，并选择其中热度相对较高的商品进行销售。

需要特别说明的是，因为我们是通过亚马逊跨境电商平台将商品销售给外国友人，所以通过这种方法选品时卖家不能通过微信、抖音、快手和 QQ 等国内社交网站评估商品的热度，而要重点查看在 Facebook、Instagram、Twitter 和 YouTube 等国外影响力较大的社交平台中商品的热度。

7. 供应商谈判法

供应商谈判法就是卖家通过与供应商谈判，让供应商按照自己的要求生产商品，从而让商品更加符合自身的要求，增加商品成为爆款的可能性。通常来说，如果卖家对商品有特定的要求，便可以采用供应商谈判法进行选品。

当然，大部分卖家，特别是新手卖家在与供应商沟通的过程中处于相对被动的地位，他们只能选择供应商提供的商品。如果卖家要想与供应商谈判，就要提高采购量以及自身的影响力。因为只有这样，供应商才会考虑满足卖家的要求。

4.2.4 新手选品应遵循的 8 个原则

新手卖家在选品时要遵循一定的原则，这样可以规避因选品不当而遭受损失。具体来说，新手选品时应遵循以下原则。

1. 选择重量轻、体积小的商品

通常来说，商品越重，卖家需要支付的物流成本就越高。因此，新手卖家在选择商品时，应该选择相对较轻的商品，甚至可以尽量选择重量低于 500g 的商品，这样可以有效地控制物流成本。

另外，很多卖家都是将采购的商品直接放置在仓库中的。如果选择体积相对较小的商品，那么相同数量的商品，便只需要租赁较小的仓库，这样可以有效地控制仓库的租赁成本。

2. 选品要重点考虑利润空间

许多人之所以选择运营亚马逊跨境电商，就是希望能够借此获得一定的收益，而要想获得收益就要保障销售收益。因此，为了达到获利的目的，卖家选品时应重点选择利润空间相对较大的商品。这样卖家每卖出一单都能获得较为可观的收益，而且卖家即便为了吸引用户下单进行降价销售，也能保证足够的降价空间。

3. 选品要考虑商品的市场容量

商品的市场容量就是一定时间内市场能够吸纳这种商品的数量，它能从一定程度上反映市场的需求情况。在选品时，卖家应该尽量选择市场容量较大的商品。如果商品的市场容量太小，那么商品上架之后其购买量很难上去，卖家的商品将会大量积压在仓库中。

4．选品要尽量规避商品侵权

亚马逊跨境电商平台是很重视版权的，如果卖家销售的商品侵犯了知识产权，那么商品将会被迫下架，这样一来商品将无法在亚马逊跨境电商平台中进行销售。因此，卖家在选品时就要尽量规避商品侵权。

5．尽量不要选择销售敏感货

敏感货主要是指液体状、粉末状，或者带电、磁和异味的商品。许多物流服务商是不会运输敏感货的，如果卖家要销售敏感货，那么就需要寻找专门的物流服务商，而且需要花费的物流成本也会比较高。因此，如无必要，卖家尽量还是不要选择销售敏感货。

6．尽量不要选择需要审核的类目

在亚马逊跨境电商平台中，有一些类目的商品是需要进行审核的，如果审核未能通过就不能上架进行销售，而这些商品的审核通过率又不是100%。因此，为了避免因为审核不合格造成商品积压，卖家尽量还是不要选择销售这些需要审核的商品类目比较好。

7．尽量不要选择被垄断的类目

有的卖家，特别是品牌卖家，入驻亚马逊跨境电商平台的时间比较长，在该平台上获得了大量的忠实顾客。因此，其销售的商品类目就形成了垄断，大部分用户都会选择购买该店铺的商品。对于这样的商品类目，卖家最好不要选择销售，因为即便你上架了该商品，销量也可能很难上去。

8．尽量少选节日或季节性商品

有的商品只有在某个节日或某个季节的需求量比较大，这样的商品，卖家应该控制采购量，不要一次性采购太多。否则，一旦最佳销售时间过去，就是降价销售也很难销售出去。这样一来，势必造成商品的大量积压。

4.3　选品思路：选品调研方法详解

在选品的过程中，卖家有必要对商品进行一番调研，这样卖家便可以根据调研选择更符合自身要求的商品。那么，如何进行选品调研呢？这一节笔者就为大家分享一些思路和方法。

4.3.1　新手卖家亚马逊选品思路

许多亚马逊新手卖家不知道如何选品，下面笔者就为大家介绍几个常见的选品

思路。

1．根据市场的需求量选品

商品的市场需求量与商品的销量直接相关，需求量越高，获得的销量通常也就越高。在实际选品时，卖家虽然无法准确计算市场的需求量，但是却可以将商品关键词的搜索量作为市场需求量的参照指标。

具体来说，卖家可以在谷歌趋势（Google Trends）中搜索商品关键词，然后查看该关键词的搜索量。除此之外，为了避免商品需求量的季节性变化过大，卖家可以选择 Google Trends 中搜索曲线变化幅度较小的商品关键词对应的商品进行销售。

2．根据市场的供应量选品

在选品时，商品的供求关系是必须要重点考虑的因素。通过商品关键词的搜索量，卖家可以对商品的市场需求量有一个大致的了解。那么，卖家如何分析市场的供应量呢？

对此，卖家可以将亚马逊跨境电商平台上商品关键词的搜索结果条数作为参考指标，搜索结果的条数越多，就说明销售对应商品的卖家越多，市场的竞争就越大。例如，在亚马逊跨境电商平台上搜索"男装"时，便可看到搜索结果超过 10000 条，如图 4-28 所示。这就说明，亚马逊跨境电商平台上销售男装的店铺是很多的，如果卖家要销售男装，就要做好面临激烈竞争的准备。

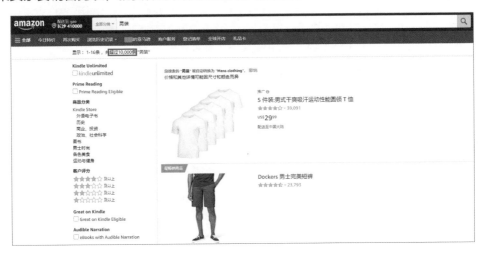

图 4-28　亚马逊跨境电商平台上"男装"的搜索结果

3．根据商品的竞争程度选品

在选品时，卖家可以先确定要销售的商品的类目。当然，在选品时最好不要选择竞争程度太强的商品类目，因为亚马逊跨境电商平台上销售这些商品的店铺比较多，所以卖家再去售卖这些商品，通常很难获得较高的销量。

具体来说，卖家可以查看对应商品类目的销售排行榜，然后根据排行榜中商品的星级数来判断商品类目的竞争程度。通常来说，商品类目销售排行榜中的商品星级数越高，该商品类目的竞争程度就越强。

图 4-29 所示为男士休闲运动长裤的销售排行榜。可以看到，该销售排行榜中商品的星级都超过了 1000。这就说明男士休闲运动长裤这个商品类目的竞争程度是比较强的，如果卖家销售的不是知名品牌的男士休闲运动长裤，那么可能很难获得可观的销量。

图 4-29 男士休闲运动长裤的销售排行榜

4. 根据商品的利润空间选品

在运营亚马逊店铺的过程中，卖家要充分考虑商品的利润空间。因为只有保障了商品的利润空间，卖家才能获得收益，让店铺持续运营下去。所以，在选品时，卖家需要将利润空间作为重要的参考因素。

通常来说，在选品时，卖家要尽量选择那些除了商品成本、物流费用等成本之外，还能获得超过 50% 利润率的商品。这样，即便用于商品宣传的成本比较多，或者商品需要进行降价处理，卖家也能做到不亏本。

4.3.2 参照竞争对手的选品策略

在做选品调研时，卖家可以适当地参考竞争对手的选品策略，查看主要竞争对手销售的是哪些商品，并分析这些商品的优势和营销策略。

例如，卖家可以先确定要销售哪一类商品，然后找到销售这类商品的优质店铺，并查看这些店铺的商品销售页面，对商品的营销推广关键词进行分析。所谓营销推广关键词，就是商品销售页面中位于星级上方的商品介绍词，如图4-30所示。

图4-30 某男士服装的营销推广关键词

在此过程中需要注意一点，那就是卖家是需要通过亚马逊跨境电商平台将商品销售给外国友人的，所以在查看商品营销推广关键词时可以转换页面的语言表达方式，看看主要竞争对手是如何选择营销推广关键词的。例如，当卖家要将商品销售给美国用户时，便可以将页面的语言表达方式选择为英语。

4.3.3 熟悉商品利润的计算方法

在做选品调研时，卖家需要先计算好商品的利润，确保自己销售该商品能够获得预期的收益。那么，卖家要如何计算商品的利润呢？下面笔者就介绍具体的方法。

在计算具体利润时，卖家需要先计算商品销售的相关成本。通常来说，商品的销售成本包括商品的采购成本、运输成本、推广成本和销售佣金等。

而商品的利润就是商品价格减去商品销售成本之后的数值。虽然商品价格由卖家自己定，但是很多用户在购买商品时还是比较关注价格的，如果价格太高，用户可能就不会购买了。因此，卖家需要在了解商品销售成本之后，制定合理的价格，让用户看到价格之后愿意购买你的商品。

4.3.4 选择可以长期合作的供应商

卖家在做选品调研时，对供应商进行分析也是很有必要的。通常来说，卖家确定要销售的商品品类之后，便可以寻找合作的供应商。当然，为了店铺的持续健康运营，卖家还得寻找可以长期合作的供应商。

那么，卖家要如何寻找可以长期合作的供应商呢？笔者认为，在寻找合作的供应商时，卖家需要重点考虑两个因素：一是供应商的实力要足够强，能够保证长期提供货源；二是供应商提供的商品要质量过硬，这样卖家在销售商品时就能凭借口碑获得更多忠实的顾客。

4.3.5　打造好商品的两个小建议

卖家在做商品调研的过程中，除了确定要销售的商品之外，还要思考如何打造好商品，让商品成为更多用户的选择。所谓"好商品"，简单来说，就是可以获得稳定销量的商品。下面笔者就给大家提两个打造好商品的建议。

1．围绕用户需求打造

无论何时，用户的需求都是商品销量的决定性因素。因此，在打造商品时，卖家需要围绕用户的需求，特别是用户的刚性需求，让用户看到商品的相关介绍之后，就觉得是自己需要购买的。

例如，卖家可以在编写商品介绍信息时，将用户的痛点列出来，并说明这些商品是如何解决用户痛点的。这样，用户为了解决自身的痛点，自然会更愿意购买卖家的商品。

2．弥补商品的不足

很多商品之所以销量不好，不是用户不需要这些商品，而是这些商品存在着明显的不足，用户觉得买回家之后用着有些鸡肋。对此，卖家可以分析商品的不足，并寻找弥补方案，与供应商商量推出改进后的款式。这样，商品的不足被弥补了，商品在用户心中的价值自然也就提升了。

第 5 章
商品管理：打造"爆款收割机"

学前提示

商品管理是店铺运营中的重要环节，有时候只要卖家懂得管理商品，就能增加商品对用户的吸引力，增加商品的销量，甚至让商品成为爆款。那么，卖家要如何进行商品管理，更好地打造爆款呢？这一章笔者就为大家支几个招。

5.1 Listing 运营：商品详情页面的打造

在亚马逊跨境电商平台中，Listing 可以简单地理解为商品详情页面。对于商家来说，商品详情页面的打造非常关键，因为许多用户就是根据商品详情页面判断是否要购买对应商品的。

这一节笔者就为大家介绍 Listing 的运营技巧，帮助大家更好地打造对用户有吸引力的商品详情页面。

5.1.1 Listing 的组成要素

在做 Listing 运营之前，卖家需要先了解 Listing 的组成要素。只有这样卖家才能根据这些组成因素，更好地打造商品详情页面的信息，吸引用户下单购买商品。通常来说，Listing 主要包括 8 个组成要素，具体如下。

1. 商品标题

商品标题位于商品详情页面中星级数的上方。通常来说，商品标题包含商品品牌、名称、特征和型号等信息。图 5-1 方框中的内容便是某商品详情页面中的商品标题。

Power Strip with USB, Addtam ETL
Certificate Flat Plug Extension Cord with
3 USB Ports, 3 Widely Spaced Outlets, 5
Feet Braided Cord, Desktop Small Travel
Power Strip for Cruise Ship, Home,
Office

Visit the Addtam Store
★★★★★ ∨   2,200 ratings | 16 answered questions
Amazon's Choice in Power Strips by Addtam

图 5-1　某商品详情页面中的商品标题

卖家需要注意的是，用户有购物需求时，通常都会通过关键词查找商品。因此，为了增加商品详情页面的点击率，卖家应该尽可能地在商品标题中添加用户搜索率高且与商品相关的关键词。

2. 商品要点

商品详情页中星级数的下方通常都有一个 About this item（关于这个商品）板块，这个板块中会列出商品的一些相关要点。图 5-2 所示为某商品详情页面中的商品要点。

About this item

- HURRICANE 1000V Insulated Electrician Screwdriver Set CR-V 13 Piece Magnetic Phillips Slotted Pozidriv Torx
- Certificate: VDE and GS certified guarantee safe working standards of 1000 Volts
- Premium Material: Made by durable Chrome vanadium steel
- Hardening Magentic Tips: Hardening treatment and Manganese phosphate surface treatment on screwdriver tips
- Industrial Level Quality: Industrial level quality; can be used for professional work and home DIY; Insulated and no-slip handle comfortable for use

› See more product details

▢ Report incorrect product information.

图 5-2　某商品详情页面中的商品要点

3．商品描述

商品详情页面中有一个 Product description（商品描述）板块，该板块中会对商品的相关信息进行描述。在填写该板块的信息时，卖家可以选择重点呈现描述商品外观、特点的文字。图 5-3 所示为某商品详情页面中的商品描述。

Product description

Color: 2 Pack Timer W/ Battery- Senior White [Upgraded Version]

Antonki 2 Pack Digital Timer for Kitchen & Kids [2021 Upgraded Version]

A perfect digital timer should function well and have a simple design for ease of use. Here is the best-selling timer in 2021! Based on voice of our customers, this whole-new timer features Loud/Silent switch, On/Off switch, larger screen and buttons with clear markings for ease of use. It can count both up and down. With this 2-pack reliable timer, you can be confident that your baking cakes will never burn again, your kids can use it at home to learn when to move from one activity to another. Keeping track of minutes gone by is an effective technique to lessen stress while allowing you to stay focused. You deserve best!

This digital timer is often far more exact than an oven, microwave or smartphone clock because it is made specifically for timing management. You want to make sure when you set it for one minute, it will beep at that time and not dock a few vital extra seconds. Plus, we improve larger screen and bigger digits on this upgraded version timer. It is easy to view from any angles or hear clearly from another room!

As a best versatile timer, this 2-pack digital timers set works for 2 tasks perfectly! Best timer ever for kitchen cooking | oven baking | kids | egg boiling | classroom | teacher | student | meeting | gaming | workouts | exercise | bathroom shower | hair treatments | computer screen time | coffee | tea | bbq grill | debate salon | seniors | and more...

Key Features:
√ Loud Alarm / Silent switch;
√ On/Off Switch ;
√Memory Function ;
√Fast Forward ;
√Magnetic ;
√Hanging Hole ;
√Kickstand ;
√AAA Battery Included ;
√Max Duration: 99:59 ;
√Product Size: 2.9 x 2.7 inches (7.4 x 6.9 cm) ;

You will get:
2 Pack Digital Timers - Senior White [Upgraded Version];
2 Pack AAA Batteries;

You will be proud to use this upgraded timer for years to come!

图 5-3　某商品详情页面中的商品描述

4．商品图片

商品详情页面中的信息通常都是通过文字或图片的方式进行呈现的，因此为商品选择合适的图片也非常重要。通常来说，商品详情页面中有两个地方可能需要呈现商品图片。一是商品标题和要点右侧；二是商品描述中。

在亚马逊跨境电商平台的商品详情页面中，商品标题和要点左侧会为用户展示商品的外观图，而用户则会据此判断该商品的款式是否符合自身的需求。图 5-4 所示为商品标题和要点左侧的图片。

图5-4 商品标题和要点左侧的图片

虽然"Product description"板块中可以直接用文字介绍商品的相关信息，但是部分卖家为了让介绍更有说服力，便配备了对应的图片。图5-5所示为商品描述中的图片。可以看到，该商品描述中便是通过简单的文字描述加上图片展示的形式，向用户介绍商品信息。

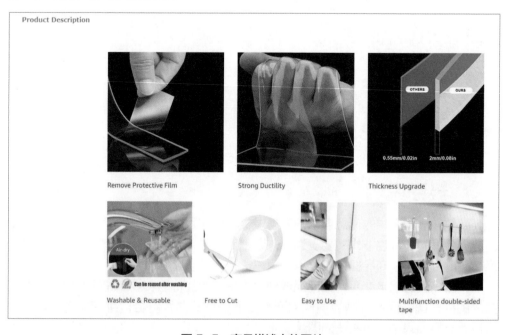

图5-5 商品描述中的图片

5．商品信息

商品详情页面中的 Product information（商品信息）板块中会展示商品的一些基本信息。这些信息既包括商品自带的属性，也包括商品销售之后产生的信息。

图 5-6 所示为某商品详情页面中的商品信息。可以看到，其中便对 Product Dimensions（商品尺寸）、Item Weight（商品重量）、Manufacturer（制造商）、ASIN（亚马逊商品编码）、Item model number（商品型号）、Batteries（电池）、Customer Reviews（买家评价）、Best Sellers Rank（销售排名情况）和 Date First Available（生产日期）等信息进行了展示。

Product information

Color:**Pink**

Product Dimensions	4.9 x 2.4 x 4.9 inches
Item Weight	12 ounces
Manufacturer	Shenzhen LuanSheng Electronic Technology Co.,Ltd
ASIN	B086XFM7JQ
Item model number	D07
Batteries	1 Lithium ion batteries required. (included)
Customer Reviews	★★★★☆ ⌄　14,277 ratings 4.7 out of 5 stars
Best Sellers Rank	#5 in Baby (See Top 100 in Baby) #1 in Baby Stroller Cooling Fans
Date First Available	April 9, 2020

图 5-6　某商品详情页面中的商品信息

6．制造商信息

在一些商品详情页面中，会专门设置一个 From the manufacturer（来自制造商）板块，用来介绍制造商（或者说是品牌）的相关信息，以及制造商对于商品的介绍。

图 5-7 所示为某商品详情页面的制造商信息。可以看到，该板块中对"Fresh Step"这个品牌，以及该品牌"Litter Box Maintenance & Accessories *Make clean up hassle free*"（猫砂盒维护及配件清洁免费）的相关信息进行了介绍。用户看到该板块的信息之后，便能快速了解该品牌及其旗下商品的相关信息。

用户在购买商品时，容易受到品牌效应的影响。如果卖家销售的商品属于知名品牌，那么便可以通过制造商信息展示出来。这样，用户看到品牌信息之后，会更愿意购买对应的商品。

图 5-7　某商品详情页的制造商信息

7. 图文组合

文字和图片各有各的优势，文字能够将相关信息——进行具体的解说，而图片则可以直观地呈现某一方面的信息。有时候为了更加清楚地说明商品的相关信息，卖家在商品详情页面中会通过图文组合的形式对商品信息进行描述，如图 5-8 所示。

Flat Plug

Quit accommodating for those bulky adapters and experience the difference a flat plug can make. The space-saving design of the flat plug is engineered to allow the power cord to sit close to the wall. Whereas other bulky plugs make decorating a room a real chore, the slim profile of the flat plug allows furniture and media to be placed closer to the wall. This allows you to use up every inch of your space. Don't decorate your space around a power cord — utilize the space-saving design of a flat plug in your décor.

Twist-to-Close Safety Covers

Prevent incorrect use of your outlets with the Twist-to-Close Safety Covers. These user-friendly outlet accessories securely cover open outlets to restrict their usage and prevent the insertion of foreign objects, eliminating potential electrical hazards to you and your family. The easy-to-use covers swivel into place to clearly designate which plugs are open for use.

Surge Protection

Surge protection safeguards your electronics from power surges, which are brief spikes in voltage. Power surges typically exceed the voltage your appliances can handle, causing severe damage to your electronics. This unit features a protection rating of up to 800 Joules. When the surge protection on your unit expires, the protected indicator light will no longer be illuminated. This provides at-a-glance verification that your electronics are safe and properly powered.

图 5-8　图文组合的描述

对于用户来说，商品的信息自然是越详细越好。如果能像电影一样用视频的形式把商品的信息展示出来，那当然是最好的；如果不能传视频，那么用图文组合的形式，也能像一个个画面一样对商品信息进行呈现，这样比单独的图片或文字呈现显然是要好得多。

8．分类节点

商品详情页面的上方，会显示商品的分类节点（商品所属的小类别和大类别都会显示出来）。如图 5-9 所示，某商品详情页面左上方便显示了该商品的分类节点（红框内）。

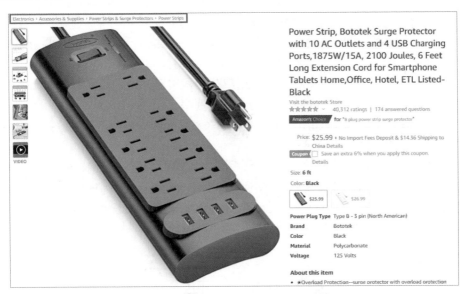

图 5-9　某商品详情页面左上方分类节点

另外，用户在购买商品时，可能也会先根据类别查看自己需要的商品。因此，在上传商品时，卖家需要为商品选择对应的类别。否则，部分潜在买家可能无法找到卖家上架的商品。

本小节笔者重点为大家介绍了卖家可以设置的商品详情页面的要素。其实，除了这些要素之外，商品详情页面中还会显示问答、评论等信息，只是这些信息基本都是来自买家的，卖家不能直接进行设置。因此，这里就不再展开说明了。

5.1.2　Listing 的优化内容

了解了 Listing 的组成要素之后，卖家就可以有针对性地进行内容的优化了。下面笔者就为大家介绍商品详情页面中常见内容的优化方法，让大家快速打造出更吸睛的商品详情页面信息。

1. 标题优化

商品标题是商品详情页面中非常关键的一项信息，用户在搜索关键词时，如果商品的标题中有对应的关键词，那么商品将出现在搜索结果中。而且用户在查看商品详情页面的信息时，第一眼看到的往往也是商品标题。因此，卖家很有必要对商品的标题进行优化。

那么，卖家应该如何对商品标题进行优化呢？笔者认为，卖家在编写商品标题时可以重点做好如下几点。

（1）标题中不要加没有用的信息。

（2）如果标题内容是用英文编写的，那么不要将所有的单词都写成大写字母。这样做可能会收到亚马逊平台发来的标题不规范提醒。

（3）标题中不要出现明显的错误，如果是用英语进行表达，那么要避免拼写上的错误。

（4）标题可以稍微长一点，这样用户在搜索关键词时，商品标题中出现对应关键词的概率会增加，商品的曝光率也会随之提高。

（5）标题中应尽量多加用户关心的核心关键词，这样用户在看到这些词之后，会更愿意下单购买对应的商品。

如图 5-10 所示，为某商品的详情页面中的标题。具体来说，这个标题中既没有出现全部是英文大写、拼写有错误等问题，而且标题整体比较长，Portable Charger（便携式充电器）、Power Bank（移动电源）和 External Battery（外部电池）等用户关心的核心关键词在标题中也有所体现。

图 5-10　某商品的详情页面中的标题

2．图片优化

部分卖家在选择商品图片，特别是主图时，会选择像素尽可能大的图片。这样选择的图片虽然比较清晰，但也有可能会出现一个问题，那就是用户放大图片时，商品详情页面中的其他信息可能会被覆盖。

图 5-11 所示为某商品的详情页面中的图片。当用户将鼠标停留在图片上时，选中的区域会在图片右侧进行放大展示，此时图片右侧原来的商品标题、要点等信息，便被放大展示图覆盖了，如图 5-12 所示。

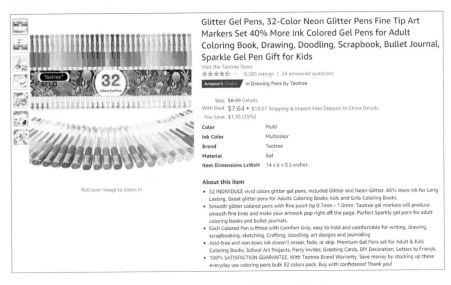

图 5-11　某商品的详情页面中的图片

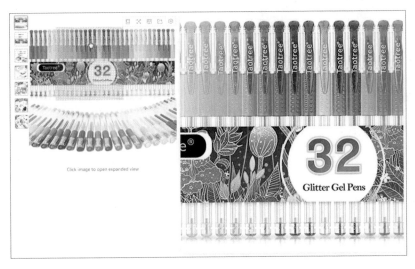

图 5-12　商品标题、要点等信息被遮盖的商品详情页面

对此，卖家可以选择 500px×500px 的主图，这样便可以避免放大图遮盖关键信息了。除此之外，卖家还可以通过如下几点进行图片的优化。

（1）图片要真实、准确地呈现商品信息。卖家不能为了让图片好看就进行后期修图。

（2）图片看上去要美观大气，那些没有美感、看不清的图片，最好不要用。

（3）图片要传达出商品的质感，让用户看到图片之后，觉得对应商品是值得购买的。

3. 价格优化

用户对于价格信息通常都是比较敏感的，他们会在心里盘算：以这个价格购买商品是不是划算。对此，卖家可以通过呈现价格优惠力度、进行原价和现价的对比等方式，让用户觉得现在购买商品是划算的。

如图 5-13 所示，为某商品的详情页面中的价格。可以看到，该商品详情页面中便是通过 List Price（原价）和 With Deal（秒杀价）的对比，来凸显当前的价格优势。

图 5-13　某商品的详情页面中的价格

4. 描述优化

在这个快节奏的时代，很多人可能没有时间仔细地查看全部的信息。对此，卖家在描述商品信息时，可以进行一些优化。例如，可以对关键信息进行加粗，让着急购买商品的用户也能快速把握重点内容。

图 5-14 所示为某商品的详情页面中的关键词。可以看到，该商品详情页面中在描述商品时，便对关键词进行了加粗。

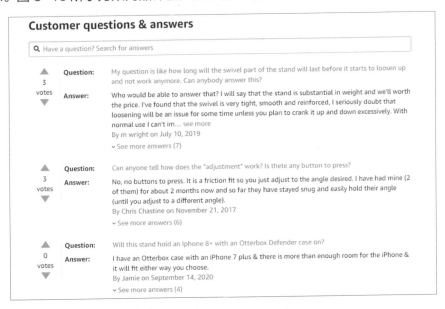

图 5-14 某商品的详情页面中的关键词

5．问答优化

Customer questions & answers（买家问题与答案）板块主要是展示买家对于商品的一些问题，以及相关的回答，从而帮助其他有购买需求的用户消除相关的疑惑。图 5-15 所示为某商品详情页面中的买家问题与答案。

图 5-15 某商品详情页面中的买家问题与答案

对于卖家来说，可以通过 Customer questions & answers 板块的信息优化，提高用户的购买意愿。例如，卖家可以通过该板块对用户可能关心的一些问题进行自问自答，并在回答问题时适时展示商品的优势。这样，用户看到问答之后，便能快速把握商品的优势，从而增强购买商品的意愿。

6．评价优化

Customer reviews（用户评论）板块中会展示用户对商品的整体评论（给出星级用户的占比），以及用户对商品的具体评论内容。其他用户可以判断用户的评论内容对自己是否有用，如果用户觉得评论内容对自己有用，可以单击评论下方的"Helpful"（有帮助的）按钮，表示支持。而且在该板块中，还会根据用户支持数从多到少的顺序，对评论内容进行排序。

对此，为了让其他有购买需求的用户对商品留下好印象，卖家可以适当地引导买家的评论，及时处理差评。如果让差评置顶了，那么很多用户看到评论之后，购买意愿会大大降低。

图5-16所示为某商品详情页面中的用户评论。可以看到，其中置顶的评论是一条只给了1星的评论，并且这个评论还有771个用户表示支持。有购买需求的用户看到该评论之后，可能心里会想：这个差评有这么多人支持，那这个商品可能不太靠谱。在这种情况下，大多数用户可能就不会购买这个商品了。

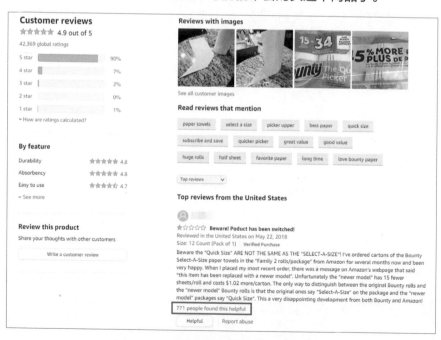

图5-16　某商品详情页面中的用户评论

5.2 前期准备：商品上架前的运营技巧

在商品上架之前，卖家需要做好相关准备，了解一些运营技巧，让商品上架后更具有竞争力。这一节笔者就为大家重点讲解商品上架前的技巧。

5.2.1 新品推广上架技巧

商品，特别是新品上架之前，卖家可以先掌握一些推广技巧，让商品上架之后更受用户的欢迎。具体来说，新品上架时，卖家需要重点掌握以下几个推广技巧。

1．增加价格竞争力

新品上架之后，亚马逊跨境电商平台会给出半个月左右的扶持期，在此期间，亚马逊跨境电商平台会给新品推送更多的流量。但是，对于商家来说，购买量和流量并不是一回事，而且扶持期一过，平台推送的流量也将减少。

因此，为了让新品上架之后更具竞争力，卖家需要从商品价格上下一些功夫。例如，可以先查看平台上同类商品的价格，然后给自己的商品定一个相对较低的价格。这样，用户在看到你的商品之后，自然会更愿意进行购买。虽然这样做可能会降低利润空间，但是也可以通过薄利多销获得一定的收益。而且以相对较低的价格销售商品，也会在用户心中留下一个商品物美价廉的印象，提高商品的口碑。

2．积累买家评价

部分用户在购买商品时会比较关注买家评论的内容，如果买家评论的数量太少，即便买家给出的都是 5 星好评，这些用户也可能不会购买该商品。图 5-17 所示为买家评论数较少的商品详情页面。

图 5-17 中显示该商品只有 3 个评论（3 global ratings 可以译为：3 个全球评级）。因此，尽管买家给出的都是好评，用户也可能不会购买该商品。因为用户会觉得评论量太少了，不具有说服力。

对此，卖家在商品上架前就可以针对买家评论少的问题寻找对策，快速完成买家评论的积累。例如，可以通过评论有奖等方式，积极引导购买商品的买家编写评论。

3．投放站内广告

有时候，为了让更多用户知道新品的存在，卖家是有必要通过投放亚马逊站内广告推广新品的。虽然这样做成本会有所增加，但是却能为新品，甚至店铺带来更多的流量。

4．添加商品关键词

商品关键词与其获得的搜索流量直接相关，在新品上架之前，卖家可以想一下该商品可以添加哪些有特色、搜索频率高的关键词。如果不知道选择哪些关键词，也可以参考同类商品选择的关键词。

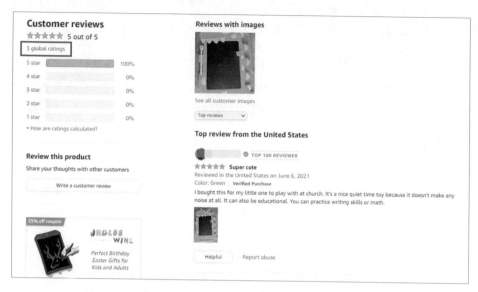

图 5-17 买家评论数较少的商品详情页面

5.2.2 上架商品的考量因素

对于商家来说，如果商品上架之后获得的流量非常有限，而且还没有人购买，那么这样的商品即便上架了也没有多大的意义。因此，在商品上架之前，卖家需要对一些因素进行考量，让自己上架的商品在亚马逊跨境电商平台中拥有一定的市场。

1．搜索结果的数量

卖家可以在亚马逊跨境电商平台中直接搜索商品的小品类，如果搜索结果的数量大于 50000 个，那么卖家基本就可以考虑取消商品上架了。因为搜索结果过多，就说明市场的竞争力过大，即便卖家上架了商品，也可能难以获得销量。

2．销售排行的星级数

亚马逊跨境电商平台会根据商品的销量制作销量排行榜，卖家可以查看要上架商品的小品类排行榜。如果该榜单中的商品都有很高的星级数，那么卖家也可以考虑取消商品上架了。因为在这种情况下，有该类商品购买需求的用户，基本都会购买排行榜中的商品。所以即便卖家上架了自己的商品，也可能很少会有用户光顾。

3．买家评论中的差评

卖家可以重点查看同类商品中，买家给出的差评，并将买家评论中提出的问题反馈给工厂，让工厂对商品进行改进。这样，卖家上架改进之后的商品，自然就会比同类商品更具竞争力。

5.2.3　写地道的商品文案

因为卖家可能需要将商品销往境外，所以为了让商品对境外用户更有吸引力，卖家可能需要用外语来编写地道的商品文案。如果卖家的外语水平不是很好，要怎么来写商品文案呢？下面笔者就以编写英语文案为例进行说明。

首先，卖家可以在有道翻译中输入商品的名称，如"遮阳帽"，这样就可以看到该商品名称的翻译为"Sun hat"，如图 5-18 所示。

图 5-18　查看商品名称的英语翻译

其次，卖家可以直接将商品的英语翻译作为关键词，在亚马逊跨境电商平台中进行搜索，这样卖家就可以在搜索结果中看到很多同类的商品了，如图 5-19 所示。

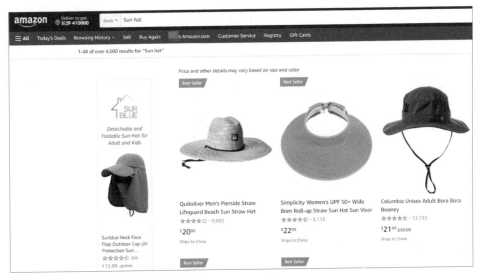

图 5-19　将商品的英语翻译作为关键词进行搜索

最后，卖家可以查看搜索结果中同类商品的文案，并将其中较为优质的文案作为模板，编写自己的商品文案。在此过程中，需要特别注意的是，不能完全照搬别人的文案，而应该根据自身商品的特点和优势来组织内容，否则卖家文案中的商品描述可能会与实际有所差距，而卖家也将因此收到一些差评。

5.2.4 监测竞争对手的销量

商品上架之前，卖家可以对主要竞争对手的销量进行监测，如果竞争对手的商品销量很低，那么就说明该类商品在亚马逊上的需求比较有限，此时卖家便可以考虑取消商品上架了。具体要如何监测竞争对手的销量呢？下面笔者就为大家介绍利用评论监测销量的步骤。

步骤 01 卖家可以先找到竞争对手商品详情页面中的买家评论板块，然后单击其中的 Top reviews（顶部评论）按钮，如图 5-20 所示。

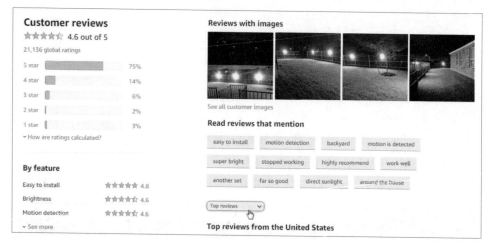

图 5-20　单击 Top reviews 按钮

步骤 02 操作完成后，会弹出一个列表框。单击列表框中的 Most recent（最近的）按钮，如图 5-21 所示。

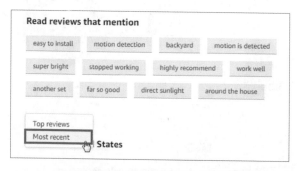

图 5-21　单击 Most recent 按钮

步骤 03 操作完成后，即可查看商品最近的评论，如图 5-22 所示。

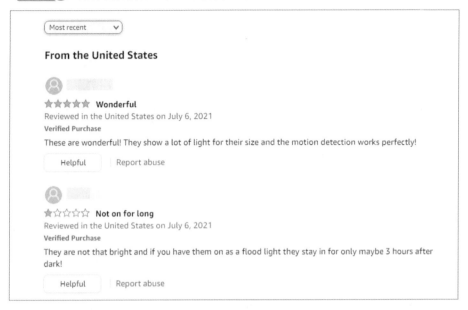

图 5-22　商品最近的评论

步骤 04 通常来说，100 个购买商品的买家中，会有 1 个自愿写评论的买家。卖家可以根据这个比例，大致地计算竞争对手的商品销量。

5.3　后期完善：商品上架后的运营技巧

除了上架之前的准备工作之外，卖家还可以在商品上架之后进行后期完善，增强商品对目标用户的吸引力。这一节笔者就为大家介绍商品上架后的运营技巧，帮大家有效地提升商品的购买率。

5.3.1　亚马逊商品的评论管理

因为很多用户在购买商品之前，都会比较留意买家评论。所以，对于卖家来说，做好买家评论的管理就显得非常重要了。具体来说，在做买家评论管理时，卖家要重点做好两件事，一是引导好评，二是处理差评。

所谓引导好评，就是在买家还未写评论之前，便通过一定的举措让买家更愿意给出好评。例如，卖家可以通过赠送小礼物、给好评返现等方式，让买家主动给商品写好评。

而处理差评则可以从两个方面进行：一是联系买家，通过沟通让买家取消差评；二是对差评中的相关信息进行回复，让其他用户看到差评之后，也不至于对商品太过反感。

5.3.2　通过组合出售打造爆款

在销售商品时，卖家可以通过组合出售的方式，来提高商品的销量，从而更好地打造爆款。图5-23所示为单个商品的销售页面。可以看到该商品是默认单包（即单个）进行销售的。其实，如果用户单击页面中的"2件装"按钮，也是可以同时购买两个的（也就是说此时是两个商品组合在一起销售的），如图5-24所示。

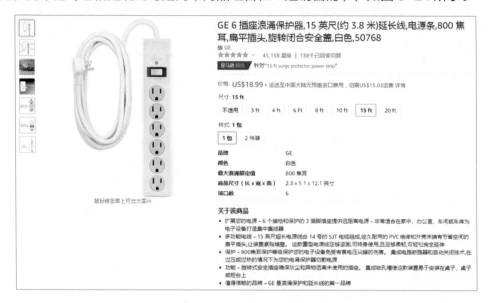

图 5-23　单个商品的销售页面

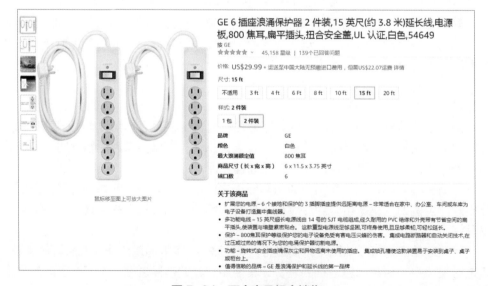

图 5-24　两个商品组合销售

从图 5-23、图 5-24 可以看出，同样的商品，组合销售的价格比单独购买同样数量单独销售的价格要便宜得多。例如，图 5-24 中两个商品一起购买只需29.99 美元，但是在图 5-23 中分别购买两个商品，则需要 18.99×2 = 37.98（美元）。

也正是因为如此，如果用户对某商品的需求量比较大，而该商品又在进行组合销售，那么用户通常都会购买组合销售的商品。这样一来，卖家便可以借助商品的组合销售获得更高的销量。

5.3.3　亚马逊的淡季运营方法

很多欧美国家每年的 7 月、8 月都会有较长的休假期，而大多数欧美民众在休假时更多的是外出旅游，享受生活，此时将商品销售至这些国家的卖家，便有可能会经历销售的淡季。此时，卖家要如何进行运营呢？笔者认为，可以重点做好如下几点。

1．为日后的运营做好准备

淡季销量不高是很正常的现象，此时卖家与其一直纠结销量下降，还不如多做一些市场调研，挑选具有爆款潜力的商品，为日后的运营做好准备。

2．控制站内广告的费用

因为正处于淡季，所以此时加大站内广告的推广力度，也不一定能快速提高销量，甚至于有时候通过站内广告推广获得的收益还没有广告费多。因此，在这种情况下，卖家可以控制一下站内广告的费用，降低不必要的支出。

3．适当控制物流费用

当卖家处于销售淡季时，物流公司的运输量也会大量降低。因此，许多物流公司为了获得更多的运输订单，都会适当地进行促销。此时，卖家在条件允许的情况下，便可以选择价格相对较便宜的物流方式，有效地控制物流费用。

第 6 章

广告投放：掌握必胜的推广策略

学前
提示

对于卖家来说，通过广告投放增加商品的曝光率是一种比较有效的推广策略。亚马逊跨境电商平台中为卖家提供了广告投放功能，卖家只需要支付一定的费用，便可达到增加商品曝光的目的。本章笔者就为大家讲解广告投放的相关知识，让大家快速掌握广告推广的策略。

6.1 站内广告：充分利用 PPC 推广引流

亚马逊跨境电商平台站内的广告，主要是按点击付费（Pay Per Click，PPC）广告。也就是说，通过该广告形式推广商品时，只有用户点击广告推广信息查看商品，卖家才需要付费。如果用户看到商品推广广告之后，没有点击查看商品信息，那么商品便相当于获得了免费的曝光。

那么，什么是站内广告，为什么要做站内广告，又该如何设置站内广告？这一节笔者就重点讲解站内广告的相关知识，让大家更好地利用 PPC 广告进行商品的推广引流。

6.1.1 投放站内 PPC 广告的意义

对于卖家来说，投放站内 PPC 广告的主要意义就是通过增加商品的曝光率，让更多用户看到商品，甚至是购买商品。具体来说，当用户搜索商品时，投放了站内 PPC 广告的商品图片下方会显示 "Sponsored"（推广），这些商品的曝光率会比一般商品要高一些。图 6-1 所示为投放了站内 PPC 广告的部分商品。

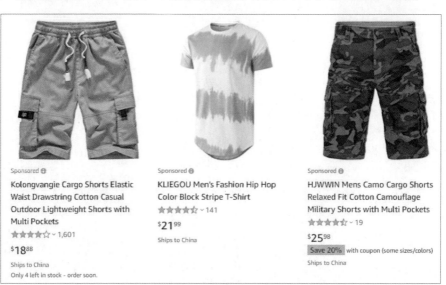

图 6-1 投放了站内 PPC 广告的部分商品

6.1.2 站内 PPC 广告的主要类型

目前，亚马逊站内 PPC 广告主要有两种类型，即商品推广和品牌推广。卖家只需根据要推广的主体进行选择即可。如果要推广商品，就选择商品推广；如果要推广品牌，则选择品牌推广。

需要特别注意的是，如果卖家还未在亚马逊跨境电商平台上登记品牌信息，那么需要先在亚马逊跨境电商平台上注册一个品牌。只有这样才能展开品牌推广的后续工作。

6.1.3 投放 PPC 广告的常见要点

为了保证 PPC 广告的投放效果，卖家在投放广告之前要重点考虑好以下几点。

1. 最好选择新添加的商品

在第 3 章中，笔者和大家介绍了添加商品的两种方法，一种是添加平台中已有的商品，一种是添加平台中没有的商品（即添加新商品）。对于卖家来说，在选择 PPC 广告的推广商品时，最好选择新添加的商品。

如果卖家推广的是平台中已有的商品，那么有的用户看到其他店铺也在销售该商品，可能会涌入其他店铺，这就相当于为他人做了嫁衣。而选择新添加的商品进行推广则不会出现这种情况，因为此时推广的商品具有唯一性，平台中没有同款商品可供用户选择。

2. 投放之前先做好 Listing 优化

在对商品进行 PPC 广告推广之前，卖家需要先对商品的 Listing 进行优化。因为用户看到 PPC 广告中推广的商品之后，会通过该商品的 Listing 查看相关信息。因此，为了提高用户的购买意愿，对商品的 Listing 进行优化是很有必要的。

3. Listing 中必须要有购物车

卖家选择的商品的 Listing 中必须要有购物车，也就是说该商品可以被用户添加到购物车中。这是 PPC 广告中商品推广的必要条件之一，不满足该条件的商品是无法进行 PPC 广告推广的。

6.1.4 站内 PPC 广告的设置方法

在 6.1.2 节中，笔者为大家介绍了站内 PPC 广告的两种类型。那么，这两种站内广告具体要如何进行设置呢？这一小节笔者就为大家具体讲解这两种站内广告的设置方法。

1. 商品推广的设置方法

卖家可以通过如下步骤，在卖家后台中设置商品推广的相关信息。

步骤 01 进入卖家后台的主页面，将鼠标停留在右侧菜单栏中的"广告"选项卡上，会弹出一个子类目列表框。单击子类目列表框中的"广告活动管理"按钮，如图 6-2 所示。

步骤 02 进入"新建广告活动"页面，单击"商品推广"下方的"继续"按钮，如图 6-3 所示。

图 6-2　单击"广告活动管理"按钮

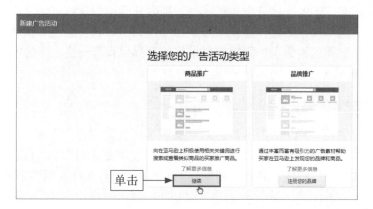

图 6-3　单击"继续"按钮

步骤 03 进入"新建广告活动"页面的"创建广告活动"板块，如图 6-4 所示。在该板块中，填写和设置相关信息。

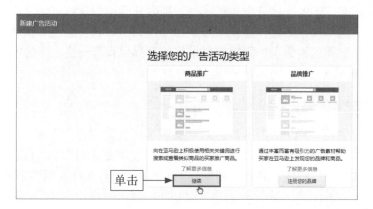

图 6-4　"创建广告活动"板块

步骤 04 进入"创建广告组"板块，在"设置"子板块中输入广告组名称，如图6-5所示。

图6-5 输入广告组名称

步骤 05 进入"创建广告组"板块的"商品"子板块，在该子板块中❶输入卖家SKU；❷单击搜索结果中对应商品后方的"添加"按钮，如图6-6所示。

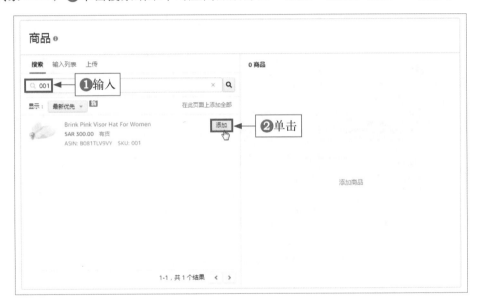

图6-6 单击"添加"按钮

步骤 06 操作完成后，如果"商品"子板块的右侧出现了商品的相关信息，就说明商品添加成功了，如图6-7所示。

步骤 07 进入"创建广告组"板块的"竞价"子板块，在该子板块中根据自身需求设置广告活动竞价策略和默认竞价，如图6-8所示。

步骤 08 进入"创建广告组"板块的"否定关键词投放"子板块，在该子板块中❶输入否定关键词，如"棒球帽"；❷单击"添加关键词"按钮，如图6-9所示。

步骤 09 操作完成后，如果"否定关键词投放"子板块的右侧出现了否定关键词，就说明否定关键词添加成功了，如图6-10所示。

图 6-7　商品添加成功

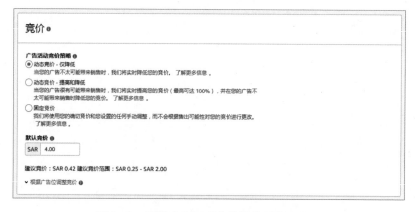

图 6-8　设置广告活动竞价策略和默认竞价

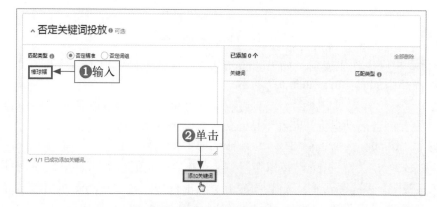

图 6-9　单击"添加关键词"按钮

专家提醒

否定关键词是用来阻止广告展示的关键词，当用户的搜索词与否定关键词匹配时，商品PPC广告不会展示出来。因此，只要否定关键词设置得好，卖家便可以获得更精准的流量，并有效地控制广告成本。

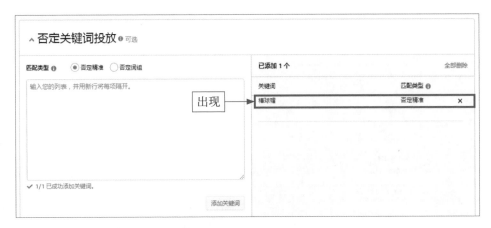

图6-10 否定关键词添加成功

步骤⑩ 进入"创建广告组"板块的"否定商品定向"子板块，输入关键词进行搜索，单击搜索结果中对应商品后方的"排除"按钮，如图6-11所示。

图6-11 单击"排除"按钮

步骤⑪　操作完成后，如果"否定商品定向"子板块下方的"添加的排除对象"中显示了商品信息，并且搜索结果中商品后方显示"已排除"，就说明否定商品排除成功，如图 6-12 所示。

图6-12　否定商品排除成功

步骤⑫　相关信息设置完成后，单击"创建广告活动"页面下方的"启动广告活动"按钮，即可完成商品推广的设置。

专家提醒

　　否定商品与否定关键词的作用相似，卖家通过单击商品后方的"排除"按钮否定商品之后，当用户搜索的内容与否定的商品匹配时，卖家的商品 PPC 广告将不会出现。这能避免不相关的搜索造成额外的广告费用。

2. 品牌推广的设置方法

卖家要设置品牌推广，先得在亚马逊跨境电商平台上注册品牌。那么，具体如何在亚马逊跨境电商平台上注册品牌呢？具体操作步骤如下。

步骤①　进入"新建广告活动"页面，单击"品牌推广"板块下方的"注册您的品牌"按钮，如图 6-13 所示。

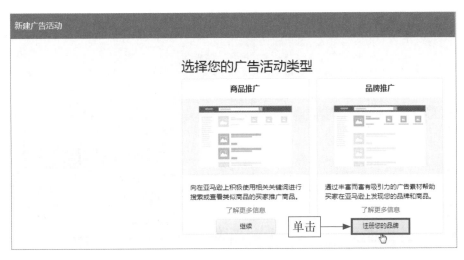

图 6-13　单击"注册您的品牌"按钮

步骤 02 操作完成后，进入"欢迎使用品牌注册"页面，单击页面中的"查看条款并继续"按钮，如图 6-14 所示。

图 6-14　单击"查看条款并继续"按钮

步骤 03 操作完成后，进入"接受使用条款"提示框，仔细阅读提示框中的条款，单击"接受并继续"按钮，如图 6-15 所示。

步骤 04 操作完成后，进入"注册品牌"页面，在该页面中依次填写品牌信息、销售账户信息和分销信息。图 6-16 所示为"品牌信息"板块的相关页面。在该页面中填写品牌信息和商品信息，单击"下一步"按钮，便可进入"销售账户信息"板块，填写销售账户的相关信息。参照同样的方法，进入"分销信息"板块，填写分销信息。

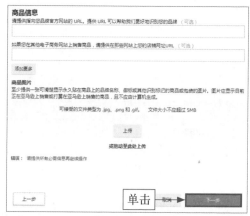

图6-15 单击"接受并继续"按钮

图6-16 "品牌信息"板块的相关页面

步骤 **05** 品牌信息、销售账户信息和分销信息填写完成后，向平台进行提交。如果信息审核通过了，卖家便可成功注册品牌。

品牌注册完成后，卖家便可以参照商品推广的设置方法，以及系统提示，进行品牌推广的设置。

当然，有需要的卖家也可以同时进行商品推广和品牌推广，因为这两种推广都能为店铺和商品带来一定的流量，促进商品的销售。

6.1.5 站内PPC广告的展示位置

卖家投放站内PPC广告之后，亚马逊跨境电商的两个位置中将为用户展示商品信息，一是商品搜索结果中，二是商品详情页中。下面笔者就具体为大家进行说明。

1. 商品搜索结果中

商品搜索结果页面是站内PPC广告的常见展示位置，当用户在亚马逊跨境电商平台中通过关键词搜索商品时，与关键词匹配且投放了站内PPC广告的商品将获得优先展示。图6-17所示为搜索"鞋子"的部分结果。可以看到，该图中展示的这些鞋子都投放了站内PPC广告。

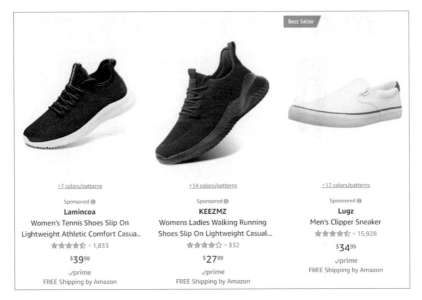

图6-17 搜索"鞋子"的部分结果

图6-18所示为搜索"牛仔裤"的部分结果。可以看到，搜索结果的第一栏中，便显示了"Sponsored"这个词，也就是说，这是一条站内PPC广告。

图6-18 搜索"牛仔裤"的部分结果

如果此时用户单击搜索结果中的Shop WULFUL按钮，便会进入WULFUL页面，该页面中会显示WULFUL这个品牌旗下的相关商品，如图6-19所示。也就是说，搜索"牛仔裤"时，搜索结果第一栏中展示的就是该品牌的广告。

2．商品详情页中

如果大家观察仔细的话，便会发现有的商品详情页面中也会为用户展示站内PPC广告。具体来说，在商品详情页面中有两个地方会展示站内PPC广告。一是Products related to this item（与此产品相关的产品）板块中，二是Customer reviews（用户评论）板块中。

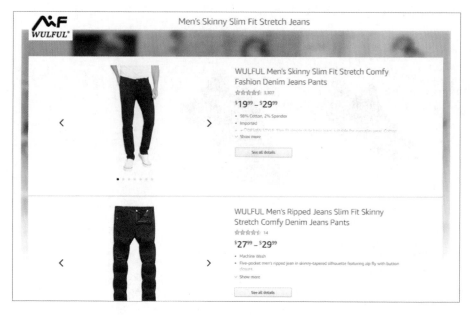

图 6-19　WULFUL 页面

图 6-20 所示为某商品详情页中的 Products related to this item 板块。可以看到，该板块中便显示了"Sponsored"这个词，也就是说该板块中的商品都投放了站内 PPC 广告。

图 6-20　某商品详情页中的 Products related to this item 板块

Customer reviews 板块中有时候也会为用户展示站内 PPC 广告。图 6-21 所示为某商品详情页中 Customer reviews 板块的部分内容。可以看到，用户具体评论的左侧便展示了一个站内 PPC 广告。

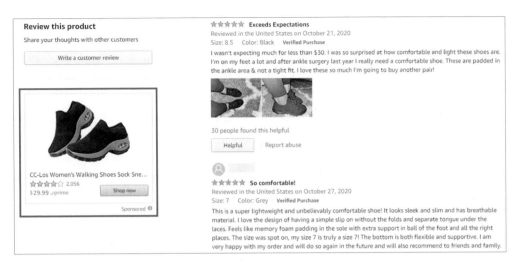

图 6-21　某商品详情页中 Customer reviews 板块

6.1.6　站内 PPC 广告的竞价机制

部分卖家可能会认为，在投放站内 PPC 广告时出的竞价越高，PPC 广告在搜索结果页面中的排名就越靠前。其实，搜索结果中商品的排名会受到多个因素的影响，而竞价只是其中的一个重要因素。

具体来说，除了竞价之外，商品的点击率、销量和转化率等因素，也将直接影响商品的搜索排名。因此，为了让更多用户在搜索结果中看到你的商品，卖家需要做好引流、促销等工作，提高商品的受欢迎程度。

6.2　干货放送：站内广告投放方法讲解

上一节主要讲解了站内 PPC 广告的一些基础知识。这一节为大家讲解一些干货内容，让大家更好地掌握站内 PPC 广告的投放方法。

6.2.1　设置和优化 PPC 广告计划

卖家可以根据自身的实际情况，来设置和优化 PPC 广告计划。具体来说，如果卖家的广告预算比较有限，可以只为商品设置一个 PPC 广告计划，并在广告计划中为商品设置精准的关键词；如果卖家的广告预算比较充足，则可以为一个商品设置多个 PPC 广告计划，通过多个计划同时推广快速增加商品的曝光量。

当然，当同时设置多个 PPC 广告计划时，为了避免这些广告计划产生冲突，卖家还需要对广告计划进行一些优化。例如，可以在不同的广告计划中，设置不同的关键词。

6.2.2　提升站内 PPC 广告的效果

许多卖家可能都遇到过这种情况：做站内 PPC 广告花了不少钱，但是取得的效果却难以达到预期。之所以出现这种情况，很可能就是因为广告投放不精准，造成了投放资金的浪费。

以站内 PPC 广告的关键词出价为例，部分卖家可能会认为出价越高越好。其实，这种想法是有些片面的。虽然较高的关键词出价可以让商品的搜索排名更靠前，但是如果商品的转化率上不去，那就相当于花了钱做广告还没起到太大的效果。当然，如果关键词出价太低，商品的搜索排名太靠后，商品的曝光量上不去，那么站内 PPC 广告起到的效果也是微乎其微的。

那么，具体要如何通过关键词出价的设置来获得预期的效果呢？笔者认为，商品刚上架时可以将关键词竞价设置为商品毛利润的 1/10。然后，卖家可以根据投放站内 PPC 广告获得的效果对关键词竞价进行调整。例如，当站内 PPC 广告为商品带来的流量和销量比较少时，卖家可以适当提高关键词竞价；反之，则可以适当降低关键词竞价。

6.2.3　站内 PPC 广告的优化策略

卖家可以通过优化站内 PPC 广告来提高广告的效果。具体来说，卖家可以从以下几个方面对站内 PPC 广告进行优化。

1．提高商品价格竞争力

看到搜索结果中的商品站内 PPC 广告之后，用户如果对商品感兴趣，可能就会查看商品的相关信息。其中，很多用户都会比较在意商品的价格，如果商品的价格相对较低，那么商品便更具竞争力。因此，为了让站内 PPC 广告获得更好的效果，卖家有必要通过降低商品的价格来提升商品的竞争力。

2．提高商品用户评论量

部分用户通过站内 PPC 广告进入商品详情页面之后，会重点查看用户的评论。如果商品的用户评论量过少，那么即便商品的平均评价星级比较高，用户也可能不会选择购买该商品。因此，提高商品用户评论量，也是优化站内 PPC 广告必须要做的一件事。

3．打造吸睛的商品详情页

除了价格和用户评论量之外，用户还会关注商品详情页的一些其他信息，如商品的功能、外观和材质等。如果卖家打造的商品详情页足够吸睛，那么用户通过站内 PPC 广告进入商品详情页之后，会更愿意购买对应的商品。这样一来，站内

PPC 广告获得的效果自然会更好。

6.2.4　通过广告打造最高的卖家

最高的卖家（Best Seller）。当我们搜索某个关键词时，可能会发现某些商品的左上方出现了"Best Seller"这个标志。图 6-22 所示为搜索"男装"的部分结果，可以看到左侧这个商品的左上方便出现了"Best Seller"这个标志。

图 6-22　搜索"男装"的部分结果

对于卖家来说，如果商品带有"Best Seller"这个标志，那么该商品便有可能成为爆款。其实，卖家是可以通过站内 PPC 广告来打造 Best Seller 的，具体操作方法如下。

（1）利用站内 PPC 广告寻找商品曝光量和转化率较高的关键词。

（2）利用站内 PPC 广告让商品出现在 10 个左右关键词搜索结果的前三页中，与此同时，对商品详情页的信息进行优化，提升商品信息对用户的吸引力。

（3）利用站内 PPC 广告围绕 5 个左右的核心关键词进行重点营销，让商品出现在这些核心关键词搜索结果的第一页中。

第 7 章
流量获取：快速引流的常用方法

学前提示

在店铺运营过程中，流量的获取非常关键。通常来说，一个店铺获取的流量越多，该店铺获得的销量也会越高。那么，卖家如何让自己的店铺获得更多流量呢？本章笔者就为大家介绍店铺引流的常用方法，让大家快速达到为店铺引流的目的。

7.1 站内引流：亚马逊站内流量入口详解

许多用户都会通过亚马逊跨境电商平台中的各个入口，查看店铺和商品的相关信息。这一节笔者就为大家介绍亚马逊站内的常见流量入口，帮助大家更好地进行站内引流。

7.1.1 流量入口 1：关键词搜索流量

如果你要购买某种商品，你会如何查看相关的商品？相信很多人都会选择输入商品的关键词进行搜索。在亚马逊跨境电商平台中也是如此，许多人都会通过关键词搜索来寻找自己需要的商品。因此，关键词搜索成为亚马逊跨境电商平台中的一个流量入口。

例如，外国用户想要购买男装时，可能会在亚马逊跨境电商平台的搜索栏中输入"men's clothing"（男装）。图 7-1 所示为搜索"men's clothing"显示的部分结果。看到搜索结果之后，用户可能会点击查看自己感兴趣的商品，这样一来，卖家就相当于通过关键词搜索获得了流量。

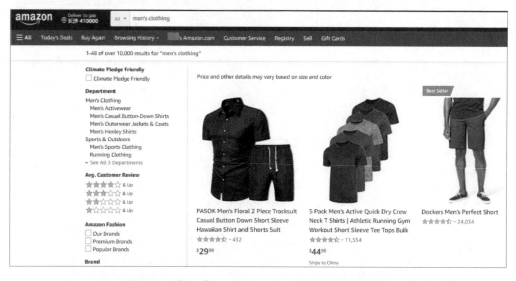

图 7-1 搜索"men's clothing"显示的部分结果

有的卖家可能会觉得，亚马逊跨境电商平台会根据用户搜索的关键词，将销量相对较高的商品优先推荐给用户。如果自己的商品刚上架，或者销量不太高，就很难在搜索结果中被用户看到。对此，卖家可以采取一个策略，增加商品被用户看到的概率，那就是向亚马逊跨境电商支付一定的推广费用。

图 7-2 所示为搜索"belt"（皮带）显示的部分结果。可以看到，这些商品的介绍信息中都显示了"Sponsored"（赞助商，这里可以理解为"广告"）。

也就是说，这些商品都是卖家通过向亚马逊跨境电商支付一定的费用进行营销推广的。

图 7-2　搜索"belt"显示的部分结果

7.1.2　流量入口 2：商品的关联流量

在商品的销售页面中，有时候会出现商品的关联销售板块。如果卖家的商品出现在这些关联销售板块中，那么只要用户点击查看店铺中的商品，卖家便可以获得一定的流量。下面笔者就为大家介绍商品销售页面中常见的关联销售板块。

1．Buy it with

Buy it with（一起购买）板块就是将一款商品与其他关联商品组合在一起进行销售，如图 7-3 所示。

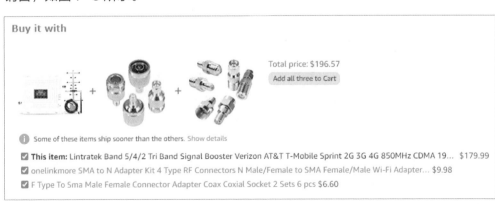

图 7-3　Buy it with 板块

通常来说，Buy it with 板块中的几种商品具有较强的联系，许多用户都会同时购买其中的几种商品。而且因为组合在一起销售往往比单独购买要便宜一些，所以很多用户都会查看，甚至购买该板块中的相关商品。因此，只要卖家的商品出现在该板块中，卖家的店铺便可获得一定的流量。

2．Products related to this item

Products related to this item（与此商品相关的商品）板块中会展示与销售页面中主要介绍的商品相关的商品，如图 7-4 所示。

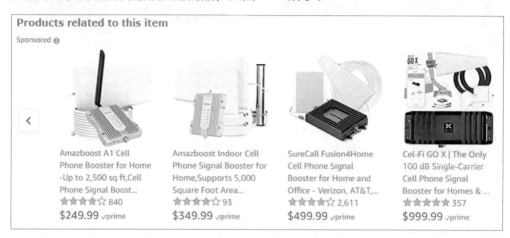

图 7-4　Products related to this item 板块

和 Buy it with 板块中的商品一样，Products related to this item 板块中的商品同样具有较强的联系。不同的是，Buy it with 板块中的商品是组合销售的，而Products related to this item 板块中的商品是需要单独进行购买的。对于卖家来说，如果自家店铺中的商品出现在 Products related to this item 板块中，那么只要用户点击查看商品，卖家的店铺便可以直接获得流量。

3．Compare with similar items

Compare with similar items（同类商品对比）板块中会列出销售页面中主要介绍的商品的几款同类商品，并从 Customer Rating（客户评级）、Price（价格）、Sold By(经销商为)和Color(颜色)等角度对这几款商品进行对比,如图 7-5 所示。

通常来说，Compare with similar items 板块中的商品是可以互相替代的，只是每款商品有特定的优势和不足，而用户则会通过该板块中的对比信息选择更适合自己的商品。因为 Compare with similar items 板块中只是对特定几个方面的信息进行对比，而许多用户又想更全面地了解该板块中的商品，于是这些用户便会点击商品链接，查看商品的详细信息。这样一来，只要卖家的商品出现在 Compare with similar items 板块中，卖家的店铺便可以借此获得一定的流量。

4. Related to items you've viewed

Related to items you've viewed（与您已查看的商品相关的商品）板块中会根据用户的浏览历史为用户推荐商品。例如，当用户最近多次查看男装短袖时，Related to items you've viewed 板块中便会自动为用户推荐几款男装短袖，如图 7-6 所示。

图 7-5　Compare with similar items 板块

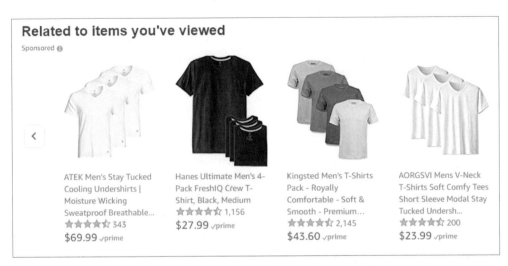

图 7-6　Related to items you've viewed 板块

通常来说，只有用户持续查看某种商品时，商品销售页面中才会出现 Related

to items you've viewed 板块。而且如果卖家想通过该板块获得流量，那么就必须保证自己店铺中的相关商品获得了一定的销量，并且口碑比较好。只有这样，亚马逊跨境电商平台才会将相关商品展示在该板块中。

5．Featured items you may like

Featured items you may like（你可能喜欢的精选商品）板块中会根据用户的浏览、购买信息，列出平台中口碑相对较好、用户可能感兴趣的相关商品。例如，当用户持续在亚马逊跨境电商平台中查看男装短袖时，该板块中便会为用户推荐精选的男装短袖，如图 7-7 所示。

Featured items you may like

Amazon Essentials Boys' Disney Star Wars Marvel Short-Sleeve T-Shirts
⋆⋆⋆⋆ 234
$16⁹⁰

Amazon Essentials Men's Disney Star Wars Marvel Regular-Fit Crew-Neck T-Shirts
⋆⋆⋆⋆ 318
$28⁴⁰

Amazon Essentials Men's Disney Star Wars Marvel Regular-Fit Crew-Neck T-Shirts
⋆⋆⋆⋆ 318
$28⁴⁰

Amazon Essentials Girls' Disney Star Wars Marvel Princess Short-Sleeve T-Shirts
⋆⋆⋆⋆ 177
$16⁹⁰

图 7-7　Featured items you may like 板块

通常来说，卖家的商品要想通过 Featured items you may like 这个入口获得流量，那么卖家的商品需要满足两个条件：一是商品属于用户感兴趣的类目；二是商品的口碑比较好。只有这样，卖家的商品才有可能成为亚马逊跨境电商平台中的精选商品，并被推荐给具有购买需求的用户。

6．4 stars and above

4 stars and above（4 星以上）板块会根据商品销售页面主要介绍的商品所属的类目，展示与之同类，并且平均星级在 4 星以上的商品。例如，用户在某款男装短袖的销售页面中，便有可能会看到该板块中列出的 4 星以上的男装短袖，如图 7-8 所示。

通常来说，卖家要想通过 4 stars and above 板块获得额外的流量，那么就必须保证自家店铺中有商品能够满足两个条件：一是自家店铺中对应的商品与商品销售页面中主要介绍的商品属于同一个类目；二是自家店铺中对应的商品获得的平均星级超过 4 星。

图 7-8　**4 stars and above** 板块

7.1.3　流量入口 3：Today's Deals 流量

Today's Deals（今日特价）是亚马逊跨境电商平台中的一个热门板块，亚马逊跨境电商平台会在该板块中展示许多特价商品。

具体来说，用户可以在亚马逊跨境电商平台的默认页面中单击 Today's Deals 按钮，如图 7-9 所示。

图 7-9　单击 Today's Deals 按钮

操作完成后，用户便可进入"Today's Deals"的相关页面，查看当前的特价商品，如图 7-10 所示。

正是因为 Today's Deals 板块中展示的都是特价商品，所以许多用户都会时不时地查看该板块中的商品。对于卖家来说，如果自己的商品进入了该板块，便相当于可以在当天获得大量的流量。

图 7-10　Today's Deals 的相关页面

7.1.4　流量入口 4：商品类目节点流量

部分用户会通过商品类目查看自己需要的商品，例如，有的用户要购买化妆品时，可能就会查看"Makeup"（化妆品）这个类目。图 7-11 所示为 Makeup 类目的相关页面。

图 7-11　Makeup 类目的相关页面

当该页面中有自己感兴趣的商品时，用户便会点击商品介绍信息所在的区域，进入商品的销售页面。例如，当用户单击图 7-11 中第一个商品所在的区域时，便可进入对应商品的销售页面，如图 7-12 所示。而这样一来，销售该商品的卖家便可借此获得一定的流量。

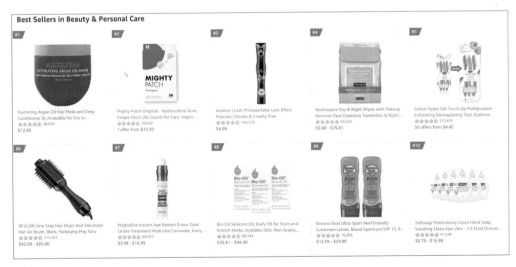

图 7-12　进入对应商品的销售页面

7.1.5　流量入口 5：商品销量榜单流量

部分用户会觉得销量是衡量商品质量的一个重要因素，因此这部分用户会重点查看商品销量榜单中的商品。图 7-13 所示为 Best Sellers in Beauty & Personal Care（美容和个人护理销售排行榜）的相关页面。

图 7-13　Best Sellers in Beauty & Personal Care 的相关页面

看到销售排行榜之后，许多用户会重点查看榜单中排名靠前的商品。例如，用户单击图 7-13 中排名第一的化妆品所在的区域，便可进入某化妆品的销售页面，如图 7-14 所示。

图 7-14　某化妆品的销售页面

对于卖家来说，自家商品进入销售排行榜无疑便可获得大量的流量。当然，一款商品要想进入销售排行榜，就需要保障该商品获得较高的流量。而要想让一款商品获得较高的流量，卖家往往需要采取一些举措，例如，降价销售商品，让用户觉得此时购买商品比较划算。

7.2　站外引流：亚马逊站外推广引流渠道

除了在亚马逊跨境电商站内进行引流之外，卖家和运营者还可以通过站外进行引流。这一节笔者就为大家介绍几种站外推广引流渠道，帮助大家快速吸引大量站外流量前往自家店铺中购买商品。

7.2.1　引流渠道 1：国外社交媒体

很多人都会通过社交网站分享自己的生活、查看他人的动态，因此一些主流社交媒体上往往都聚集了大量的流量。对于卖家来说，如果能够借助这些社交媒体进行推广引流，那么便可让很多用户知道你的店铺的存在，为店铺获取大量的流量。

当然，我们是需要将商品销售给境外友人的，这些境外友人很少会在国内社交媒体上活动，所以卖家和运营者还是要重点在国外社交媒体上进行推广引流。具体来说，卖家和运营者可以在 Facebook、Instagram、Twitter 和 YouTube 上分享店铺和商品的相关信息，让境外友人主动前往亚马逊查看、购买商品。

7.2.2　引流渠道 2：交易网站

交易（Deals）网站通常都会长期推出促销活动，也正是因为如此，这类网站往往会聚集大量忠实的顾客。而对于卖家来说，如果需要在短期内快速提高销量，并且让更多人知道你的店铺的存在，那么借助这类网站进行营销推广便是一个不错的选择。

具体来说，卖家可以根据自身开设店铺所在的站点选择 Deals 网站进行引流推广。以亚马逊美国站为例，卖家可以选择在 Kinja、Slickdeals 和 Deals News 等网站上进行引流推广。

7.2.3　引流渠道 3：搜索网站

许多人都会通过搜索网站查找相关信息，因此，一些知名搜索网站通常都会拥有大量的流量。对于卖家来说，知名的搜索网站也是一个重要的推广引流渠道。

例如，卖家可以支付一定费用在谷歌（Google）上做广告推广，让用户在搜索相关信息时，能看到你的店铺和商品信息。这样一来，许多想要购买相关商品的用户，可能就会前往你的店铺购物了。

7.3　促销工具：帮助提升销量的 5 种工具

与获得流量相比，卖家更想获得销量。当然，通常来说，在提升销量的同时，获得的流量也会有所增加。那么，卖家要如何达到提升销量的目的呢？在笔者看来，卖家可以通过促销工具的运用让更多用户看到你的商品，并产生购买的欲望，从而达到提升销量的目的。

7.3.1　促销工具 1：秒杀

大部分用户都希望以相对较低的价格购买到需要的商品，于是这部分用户会时不时地查看秒杀信息，并从中寻找自身需要的商品。在亚马逊跨境电商平台中，用户可以通过如下步骤查看秒杀活动。

步骤 01　进入亚马逊跨境电商平台的默认页面，单击 Deals & Promotions（优惠和促销）板块中的 Shop now（现在购物）链接，如图 7-15 所示。

步骤 02　操作完成后，进入 Deals and Promotions 页面，单击左侧菜单栏中的 Lightning Deals（特惠秒杀活动）链接，如图 7-16 所示。

步骤 03　操作完成后，进入 Lightning Deals 的相关页面，可以看到，该页面中会展示一些限时秒杀商品，并且还会显示这些秒杀商品的"Claimed"（已认购）

比例，如图 7-17 所示。正是因为如此，看到已经认购的比例越来越大，部分用户为了买到对应的商品会更快下定购买的决心。

图 7-15　单击 Shop now 链接

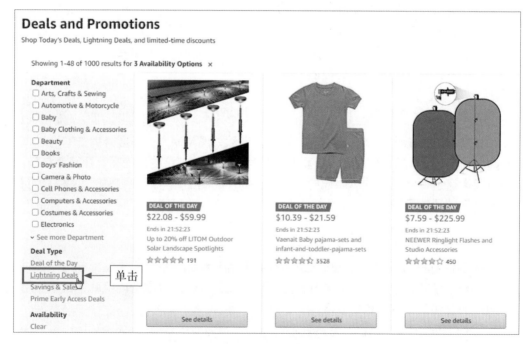

图 7-16　单击 Lightning Deals 链接

当然，这些秒杀活动中的商品信息是需要卖家在后台中进行设置的。那么，卖家要如何设置秒杀信息呢？具体操作步骤如下。

步骤 01　进入亚马逊跨境电商卖家后台的默认页面，将鼠标停留在页面上方菜单栏中的"广告"选项卡上，会弹出一个列表框。单击列表框中的"秒杀"按钮，如图 7-18 所示。

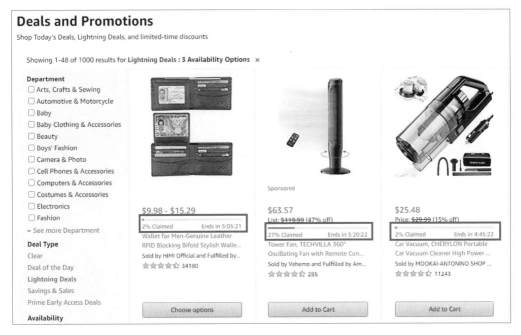

图 7-17 进入 Lightning Deals 的相关页面

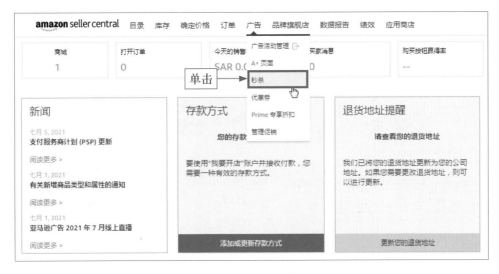

图 7-18 单击"秒杀"按钮

步骤 02 操作完成后，进入"借助促销提升销量"页面，单击页面中的"创建新促销"按钮，如图 7-19 所示。

步骤 03 操作完成后，进入"创建新促销"页面，如图 7-20 所示。可以看到，卖家只需要在该页面中依次进行选择商品、安排促销、配置促销和查看并提交操作，便可提交商品秒杀信息，如果提交的信息通过了亚马逊的审核，那么对应的商品便会出现在秒杀活动中。

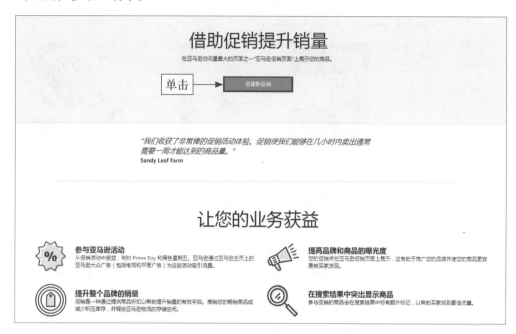

图 7-19　单击"创建新促销"按钮

图 7-20　"创建新促销"页面

7.3.2　促销工具 2：优惠券

亚马逊跨境电商平台上的优惠券主要有两种：一种是满减优惠券，另一种是多买优惠券。图 7-21 所示为某商品的详情页面。可以看到，该商品采用的就是多买优惠券，用户同时购买两件该商品，便可获得 5% 的优惠。那么，卖家如何设置优惠券呢？具体操作步骤如下。

图 7-21　某商品的详情页面

步骤 01　单击图 7-18 所示列表框中的"优惠券"按钮，即可进入"优惠券"页面。单击页面上方的"创建您的第一个优惠券"按钮，如图 7-22 所示。

图 7-22　单击"创建您的第一个优惠券"按钮

步骤 02　操作完成后，进入优惠券设置提示页面，如图 7-23 所示。卖家只需根据提示进行操作，便可设置商品优惠券。

图 7-23 优惠券设置提示页面

7.3.3 促销工具 3：Prime 折扣

Prime 折扣就是亚马逊跨境电商会员的专属折扣。亚马逊跨境电商会员可以通过如下步骤，查看有所 Prime 折扣的商品。

步骤 01 进入 Deals and Promotions 页面，单击左侧菜单栏中的 Prime Early Access Deals（会员优先购）链接，如图 7-24 所示。

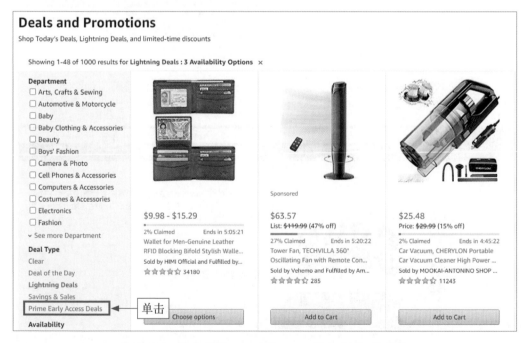

图 7-24 单击"Prime Early Access Deals"链接

步骤 02 操作完成后，即可进入 Prime Early Access Deals 的相关页面，查看会员优先享受折扣的相关商品，如图 7-25 所示。

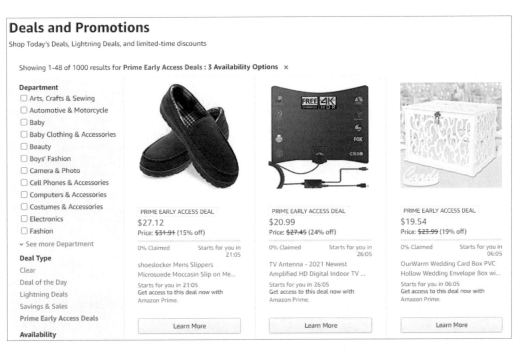

图 7-25　查看会员优先享受折扣的相关商品

那么，卖家如何设置 Prime 折扣呢？具体操作步骤如下。

步骤 01　单击图 7-18 所示列表框中的"Prime 专享折扣"按钮，即可进入"Prime 专享折扣"页面。单击页面中的"创建折扣"按钮，如图 7-26 所示。

图 7-26　单击"创建折扣"按钮

步骤 02　进入"创建 Prime 专享折扣"页面，如图 7-27 所示。卖家只需根据提示进行操作，便可设置会员专享优惠券。

第 1 步，共 3 步：输入折扣详情

您想如何命名此折扣？

折扣开始日期

📅 YYYY/MM/DD   00 ⌄   00 ⌄

折扣结束日期

📅 YYYY/MM/DD   23 ⌄   59 ⌄

折扣持续时间：00 天 00 小时 00 分钟

保存折扣详情   保存并添加商品

图 7-27   "创建 Prime 专享折扣"页面

7.3.4   促销工具 4：购买折扣

购买折扣就是购买商品时可以获得一定的优惠（即商品在原价的基础上打折）。因为亚马逊跨境电商平台中有购买折扣的商品都会显示折扣力度、原价和折后价等信息。所以用户看到折扣和价格对比之后，会更愿意查看这类商品的信息，甚至直接选择进行购买。

图 7-28 所示为某商品的详情页面。可以看到，该商品的市场价（即原价）为12.99 美元，秒杀价（即折后价）为 7.93 美元，也就是说用户此时购买该商品相当于节省了 5.06 美元，价格优惠了 39%。这么大的购买折扣，对用户来说，是非常具有吸引力的。

图 7-28   某商品的详情页面

那么，卖家应该如何设置商品的购买折扣呢？具体操作步骤如下。

步骤 01 单击图 7-18 所示列表框中的"管理促销"按钮，即可进入"促销"页面。单击页面中的"购买折扣"下方的"创建"按钮，如图 7-29 所示。

图 7-29　单击"创建"按钮

步骤 02 操作完成后，进入"创建促销：购买折扣"页面。卖家只需在该页面中填写购买折扣的相关信息，便可完成购买折扣商品的创建，如图 7-30 所示。商品创建之后，用户购买该商品便可以享受对应的购买折扣了。

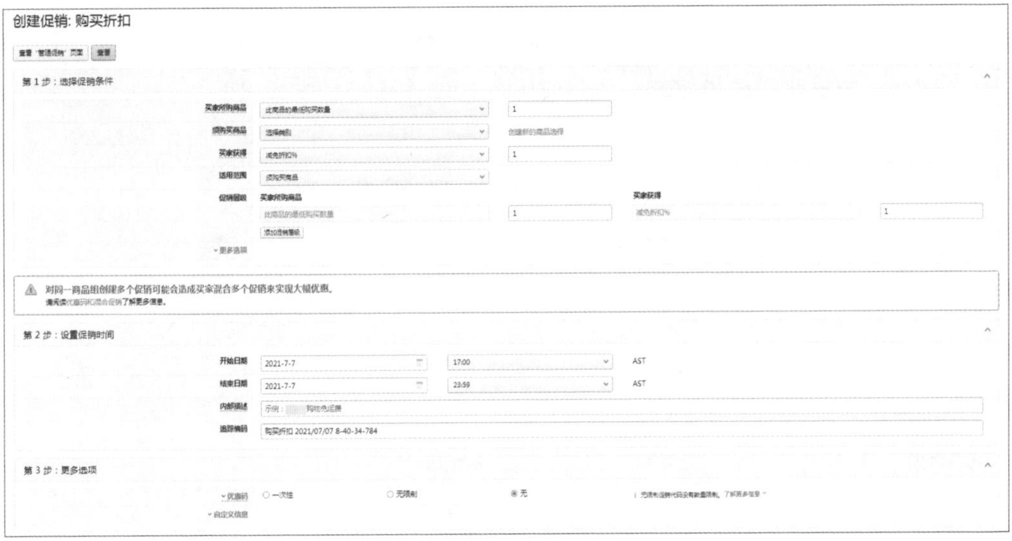

图 7-30　"创建促销：购买折扣"页面

7.3.5　促销工具 5：买一赠一

在亚马逊跨境电商平台中，买一赠一既可以是买一种商品赠送同样的商品，也可以是买一种商品赠送其他的商品。通常来说，为了保证销售的利润空间，卖家可以通过买一件商品赠送价值相对较低的商品来进行促销。

图 7-31 所示为某商品的详情页面。可以看到，卖家便是通过买手机壳赠送屏幕保护膜的形式，来吸引用户购物的。

图 7-31　某商品的详情页面

那么，卖家要如何设置买一赠一呢？具体操作步骤如下。

步骤 01　进入"促销"页面，单击"买一赠一"下方的"创建"按钮，如图 7-32 所示。

图 7-32　单击"创建"按钮

步骤 02　操作完成后，进入"创建促销：买一赠一"页面。卖家只需在该页面中填写买一赠一的相关信息，便可完成买一赠一商品的创建，如图 7-33 所示。

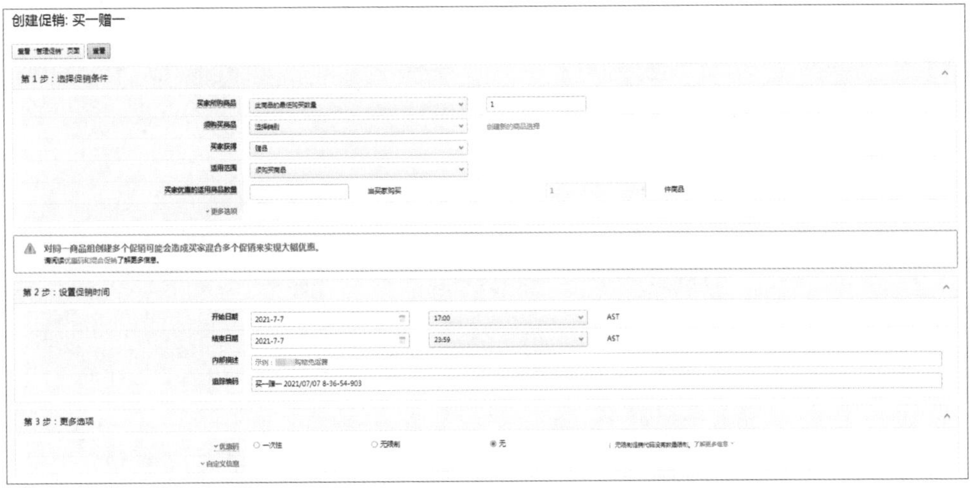

创建促销: 买一赠一

| 查看 | 管理促销 | 关闭 | 返回 |

第 1 步：选择促销条件

买家所购商品	达到最低商品数量		1
赠购买商品	选择商品		创建新的商品捆绑
买家折扣	值品		
适用范围	该购买商品		
买家优惠的适用商品数量		当买家购买	1	件商品

▼ 更多选项

⚠ 对同一商品组创建多个促销可能会造成买家通合多个促销来实现大幅优惠。
请阅读促销政策混合促销了解更多信息。

第 2 步：设置促销时间

开始日期	2021-7-7		17:00		AST
结束日期	2021-7-7		23:59		AST
内部描述	示例: 网站秋促活动	
追踪编码	买一赠一 - 2021/07/07 8-36-54-903

第 3 步：更多选项

▼ 优惠码　　○ 一次性　　○ 无限制　　⦿ 无　　促销创建将以优惠码来限制需求和，了解更多信息。

▼ 自定义信息

图 7-33　"创建促销：买一赠一"页面

第 8 章

物流发货：省心省力并减少售后

学前
提示

　　虽然物流发货与商品的质量没有直接的关系，但是作为服务的一部分，它会影响店铺的口碑。如果卖家的物流发货做得好，卖家的店铺运营将变得省心省力，售后问题也会减少很多。那么，卖家要如何做好物流发货呢？本章笔者就重点解答这个问题。

8.1 物流简介：了解亚马逊的国际物流

在亚马逊跨境电商的店铺运营中，物流是非常重要的一环。因为卖家要将自家的商品送到买家手中，就必须通过物流进行运输。这一节笔者就为大家介绍亚马逊国际物流的相关知识，让大家快速对亚马逊的国际物流有一个基本的认知。

8.1.1　什么是国际物流

国际物流，也可以理解成跨境物流，是指通过陆运、海运和空运等运输方式，将商品从一个国家运输到另一个国家，并借助当地的配送服务将商品送到买家的手中。国际物流看似只是将商品运输到了境外，实则却经历了复杂的运输过程。具体来说，国际物流的运送流程，如图 8-1 所示。

图 8-1　国际物流的运送流程

目前，许多跨境电商平台都需要通过国际物流来运送商品，亚马逊跨境电商平台也是如此，这也让国际物流获得了快速的发展。从目前来看，国际物流的发展仍存在着一些难点，而且这些难点有时候会影响买家的购物体验。图 8-2 所示为国际物流发展中存在的主要难点。

虽然国际物流的发展存在一些难点，但是作为跨境电商中的一个重要组成部分，国际物流仍是电商行业中的一个风口，可以预见，未来国际物流的发展会越来越好。

对此，有需要的卖家和运营者有必要了解国际物流的相关知识，从而更好地开展亚马逊跨境电商服务。

图 8-2　国际物流发展中存在的主要难点

8.1.2　国际小包物流渠道推荐

国际物流渠道可以分为国际小包和国际快递两类。两者的区别主要体现在价格和运送速度上。通常来说，国际小包的价格比较低，但是运送速度相对较慢（一般需要 5~14 个工作日）；而国际快递则价格比较高，但是运送速度相对较快（一般只需要 2~4 个工作日）。

因此，卖家可以根据商品的大小和订单运送要求选择合适的物流渠道。如果商品的体积比较小，而且亚马逊跨境电商平台要求 20 个工作日左右将商品送到买家手中，那么出于获得更多利润空间的角度考虑，卖家便可以选择国际小包这种价格相对较低的物流渠道。

目前，可供卖家选择的国际小包物流渠道主要包括中国邮政 e 邮宝、中国邮政小包和新加坡邮政小包等。对于亚马逊跨境电商平台中的中国卖家来说，中国邮政 e 邮宝是国际小包物流渠道的一个不错选择。中国邮政 e 邮宝的运输范围覆盖了国内的所有内陆城市，以及亚马逊跨境电商平台的所有站点。也就是说，卖家可以直接用中国邮政 e 邮宝的物流渠道将商品送到买家手中。

8.1.3　国际物流的运输方式

国际物流的运输方式主要有 3 种，即国际快递、海运运输和空运运输。下面笔者就具体介绍这 3 种运输方式。

1. 国际快递

这里的国际快递指的是两个或两个以上国家间的物流运输。通过这种方式运输商品时，当商品到达目的国家之后，还需要结合该国的配送服务才能将商品送到用户手中。需要特别说明的是，这里的国际快递指的是一种运输方式，其物流渠道包含了国际小包和国际快递。

2. 海运运输

海运运输是指借助船舶通过海上航道将商品从一个港口运送到另一个港口。根据运输箱子的不同，又可将海运运输细分为海运整箱和海运拼箱，这两种海运运输方式的介绍，如图 8-3 所示。

- 海运整箱，即 Full Container Load，简称 FCL。指整箱货物仅有一个发货人，并由发货人来负责装箱、计数、积载并加以铅封的货运；国际统一标准的集装箱常见尺寸为 20'GP，40'GP，40'HQ 和 45'HQ；
- 海运拼箱，即 Less Container Load，简称 LCL。指发货人托运的货物为不足整箱的小票货，通过代理人（或承运人）分类整理货物，把发往同一目的地的货物集中到一定数量拼装入箱。

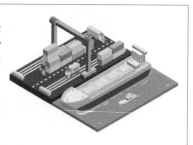

图 8-3　海运整箱和海运拼箱的介绍

根据具体运输方式的不同，可以将海运运输细分为"海加卡"和"海加派"这两种运输形式。这两种运输形式的具体运输方式如下。

（1）海加卡：头程物流（在国际物流中，头程物流是指将商品从一个国家运送至另一个国家的物流）通过海运进行运输，等商品运送到港口之后，再通过卡车将商品运输到仓库中。

（2）海加派：头程物流通过海运进行运输，等商品运送到港口之后，再通过快递或邮政的运输车，将商品运输到仓库中。

3. 空运运输

空运运输是指通过飞机进行商品的运输。具体来说，空运运输包括"空加卡"和"空加派"这两种运输形式。这两种运输形式的具体运输方式如下。

（1）空加卡：头程物流通过空运进行运输，等商品运送到目的国之后，再通过卡车将商品运输到仓库中。

（2）空加派：头程物流通过空运进行运输，等商品运送到目的国之后，再通过快递或邮政的运输车，将商品运输到仓库中。

通过上述内容的学习，相信大家对国际物流的运输方式有了一定的了解。下面笔者就从计费单位、尺寸属性、产品属性、运输周期和运费等角度，对 3 种国际物流运输方式进行对比，让大家更好地了解三者间的区别，如图 8-4 所示。

运输方式	计费单位	尺寸属性	产品属性	运输周期	运费
国际快递	公斤	单边尺寸小于3米	质量轻、单价高、易受季节和时间限制的产品，如电子芯片、品牌时装等	短2～4天	高
海运运输	立方米	超重超长的产品	任何产品均可运输，产品单价相对低，如家具、纺织品等	长30～50天	低
空运运输	公斤通常以45公斤起运	3.18米×2.54米×1.6米内	质量相对较轻、单价相对较高、受季节和时间限制较高的产品，如服装、电子类产品等	中等约10天	中

图 8-4　3 种国际物流运输方式的对比

8.1.4　国际物流的进出口关务

进出口关务，简单来说，就是指商品进出口的相关事务。图 8-5 所示为订单创建后商品的运输流程。可以看到这其中便包含了进出口关务中的两个重要环节，即出口报关和进口清关。出口报关是指商品出口之前，向海关进行申报；而进口清关则指商品进入他国之后，按照该国法律法规履行相关义务。

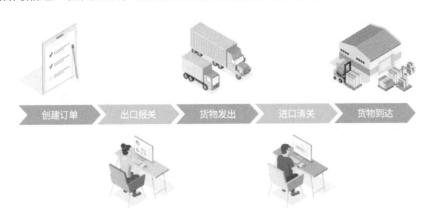

图 8-5　订单创建后商品的运输流程

从图 8-5 可以看出，订单创建之后，卖家需要按照海关的要求进行出口报关，商品到达目的国之后，卖家还需要按照该国海关的要求进行进口清关。因此，为了避免商品被海关扣押，卖家应该了解进出口关务的相关事务，并做好相关准备。

无论采用哪种国际物流方式，商品出口报关时，卖家都需要向海关提供相关的文件。具体来说，卖家需要向海关提供的文件主要有 5 种，如图 8-6 所示。

01 出口货物报关单

指卖家出口货物时，向海关填报的单据，经海关查验确认后具有一定的法律效力，是出口产品报关离境的重要证据，也是办理出口产品退税的重要凭证。

02 出口箱单

货物出口装运前需要先包装，出口箱单是货物包装的凭证。

03 出口发票

国际贸易中无法统一使用税务机关监制的出口专用发票，所以目前出口发票仅用于申报出口时退税。

04 代理报关委托书

指托运人 委托承运人（代理人）办理报关等通关事宜，明确双方责任和义务的书面证明。

05 申报要素

进出口货物的收发货人及受委托的报关企业，依照《中华人民共和国海关法》以及有关法律、行政法规和规章的要求，在规定的时间、地点，采用电子数据报关单和纸质报关单形式，向海关报告实际进出口货物的正确情况，就是申报。期间涉及的报关单就是申报的申报要素。

图 8-6　商品出口报关需要提供的文件

可能许多人对于图 8-6 中的文件不是很了解，下面笔者就为大家介绍这些文件的模板。具体来说，出口货物报关单、出口箱单、出口发票、代理报关委托书和申报要素的模板，分别如图 8-7~ 图 8-11 所示。

中华人民共和国海关出口货物报关单

预录入编号：　　海关编号：

出口口岸 | 备案号 3304965137 | 出口日期 | 申报日期

经营单位 股份有限公司 | 运输方式 BY SEA | 运输工具名称 | 提运单号

发货单位 有限公司 | 贸易方式 一般贸易 | 征免性质 一般征税 | 结汇方式 TT

许可证号 | 运抵国（地区） 哥伦比亚 | 指运港 布埃纳文图拉 | 境内货源地 惠州

批准文号 | 成交方式 FOB SHANGHAI | 运费 / | 保费 / | 杂费 /

合同协议号 | 件数 22 | 包装种类 裸装 | 毛重（公斤） 605.00 | 净重（公斤） 550.00

随附单据 | 生产厂家 惠州

标记唛码及备注

项号　商品编号　商品名称、规格型号　数量及单位　最终目的国（地区）单价　总价　币制　征免

税费征收情况

录入员　录入单位　兹声明以上申报无讹并承担法律责任　海关审单批注及放行日期（签章）

报关员　审单　审价

申报单位（签章）　征税　统计

单位地址　查验　放行

邮编　电话　填制日期

图 8-7　出口货物报关单的模板

· 出口箱单

装　箱　单

PACKING LIST

日期 Date:

发票编号 Invoice No:

合同号 Contract No:

客户 To Messrs:

船名 Shipped by:　由　至

付款条件 Terms of Payment:

箱号 Ctn. No.	货物名称及规格 Description	箱数: Pkg:	数量: Ge. Quantity	毛重(KG): G. W. (KG):	净重(KG): N. W. (KG):
合计 Total					
唛头 Marks					

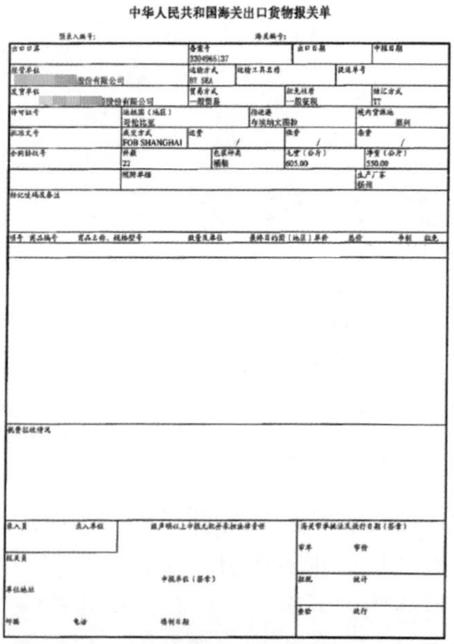

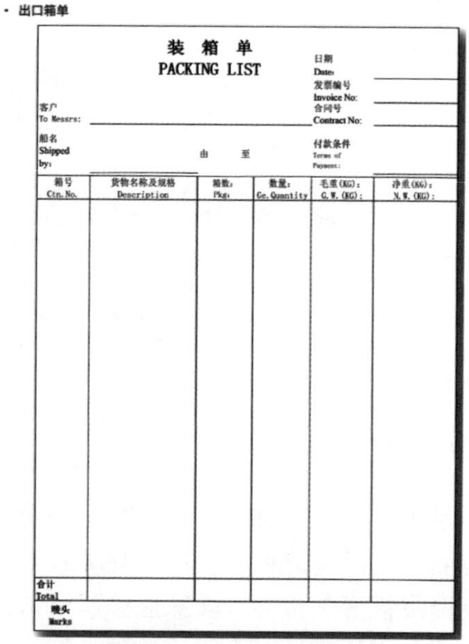

图 8-8　出口箱单的模板

- 出口发票

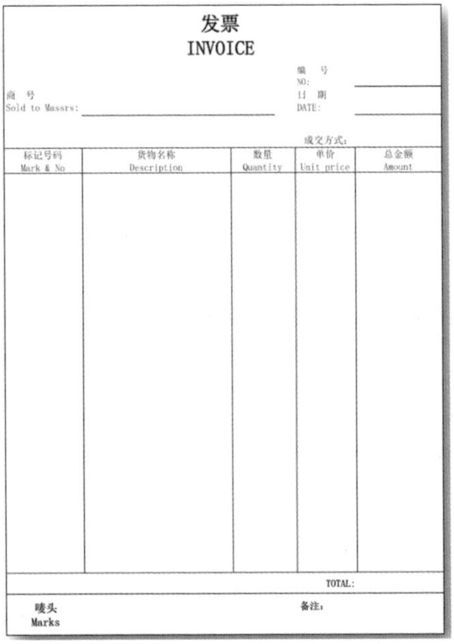
发票
INVOICE

商 号
Sold to Massrs:

编 号
NO:
日 期
DATE:

成交方式:

标记号码 Mark & No	货物名称 Description	数量 Quantity	单价 Unit price	总金额 Amount

TOTAL:

唛头
Marks

备注:

图 8-9 出口发票的模板

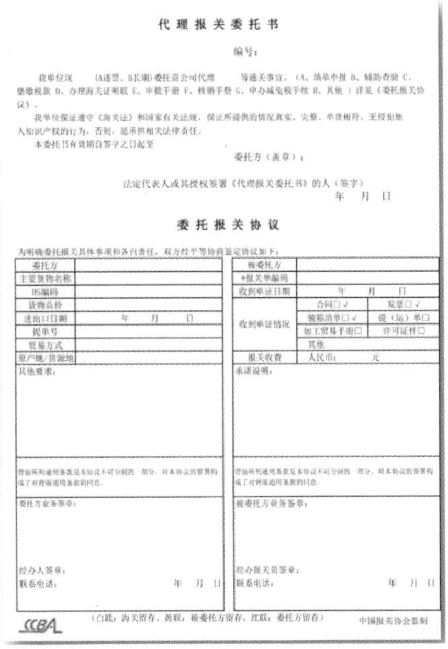
代理报关委托书

编号:

我单位现 (A逐票、B长期)委托贵公司代理 等通关事宜。(A、填单申报 B、辅助查验 C、垫缴税款 D、办理海关证明联 E、审批手册 F、核销手册 G、申办减免税手续 H、其他)详见《委托报关协议》。

我单位保证遵守《海关法》和国家有关法规，保证所提供的情况真实、完整、单货相符，无侵犯他人知识产权的行为。否则，愿承担相关法律责任。

本委托书有效期自签字之日起至

委托方（盖章）：

法定代表人或其授权签署《代理报关委托书》的人（签字）

年 月 日

委托报关协议

为明确委托报关具体事项和各自责任，双方经平等协商签定协议如下：

委托方	
主要货物名称	
HS编码	
货物总价	
进出口日期	年 月 日
提单号	
贸易方式	
原产地/货源地	

其他要求：

背面所列通用条款是本协议不可分割的一部分，对本协议的签署构成了对背面通用条款的同意。

委托方业务签章：

经办人签章：

联系电话： 年 月 日

被委托方		
*报关单编码		
收到单证日期	年 月 日	
收到单证情况	合同□√	发票□√
	装箱清单□√	提（运）单□
	加工贸易手册□	许可证件□
	其他	
报关收费	人民币： 元	

承诺说明：

背面所列通用条款是本协议不可分割的一部分，对本协议的签署构成了对背面通用条款的同意。

被委托方业务签章：

经办报关员签章：

联系电话： 年 月 日

（白联：海关留存、黄联：被委托方留存、红联：委托方留存） 中国报关协会监制

图 8-10 代理报关委托书的模板

- 申报要素（您需要自行填写以下内容后打印并盖公司章）

申报要素

序号	品名	海关HS编码	检疫附加码	品牌	型号	品牌类型	出口享惠情况	其他申报要素
1								
2								
3								
4								
5								
6								
7								
8								

图 8-11 申报要素的模板

如果卖家使用空运运输的方式，那么除了上述文件之外，还需要提供一些其他的文件和资料，如图 8-12 所示。

了解了出口报关之后，我们再来看看进口清关。当商品到达目的国之前，卖家需要与自己的登记进口商（即 Importer of Record，IOR。它负责与当地海关沟通，并支付进口税费，确保商品能够成功完成进口）做好对接。

除了 IOR 之外，卖家还需要了解进口国的海关规定，确保可以成功完成进口清关。下面笔者就以美国为例，对进口清关的相关信息进行介绍。

- SHIPPER（发货人）信息：需要提供中/英文抬头，社会信用证（海外公司请提供注册号）；
- CNEE（收货人）信息：需要提供英文抬头（即 Bond 抬头），EIN[1]（或 VAT[2] 编号）；
- 空运出口运输合同；
- 英文版发票及箱单；
- 空运提单[3]；
- 木制品需做熏蒸[4]处理，并提供厂检单；
- 如您的商品涉及危险品，您还需要提供以下文件：空运保函[5]，MSDS[6]，电池信[7]，KC Form[8]，FDA REG#[9]，设备列表。

1. EIN：全称 Exporter Identification Number，即出口商识别码，由欧洲海关颁发识别号码给出口商，卖家必须提供唯一的海关识别号之后才能放货。
2. VAT：全称 Value Added Tax，是欧盟国家普遍使用的增值税。VAT 号是缴税时候的纳税识别号，卖家注册了 VAT 税号，才可以进行缴费纳税，在运输后就能申请进口增值税的抵扣。
3. 空运提单：指承运货物的航空承运人（航空公司）或其代理人，在收到承运货物并接受托运人空运要求后，签发给托运人的货物收据。
4. 熏蒸：为了防止有害病虫危害进口国森林资源，含有木质包装的出口货物，必须在出运前，对木质包装物进行除害处理，熏蒸是除害处理中的一种方式。
5. 空运保函：指由发货人出具，来保证托运货物非航空安全条例规定的危险物品的一个保证书，经盖公章生效。
6. MSDS：全称 Material Safety Data Sheet，即化学品安全技术说明书，是化学品生产商和进口商用来阐明化学品可能产生危害的一份文件，由国家认可的专业权威认证机构出具。
7. 电池信：出口带电的产品时需要填写的一份证明。
8. KC Form：全称 Know Consignor Form，即空运非危保函，是指由发货人出具的保证托运货物非航空安全条例规定的危险物品的一个保证书，经盖公章生效。
9. FDA REG#：即 FDA 注册号，是指化妆品、医疗器械、食品、OTC 药品等产品出口美国，必须到美国联邦食品药品监督管理局登记注册所得到的编号。

图 8-12　商品进口至美国的流程

通常来说，商品进口至美国是需要经过一些进口清关流程的，其具体流程如图 8-13 所示。

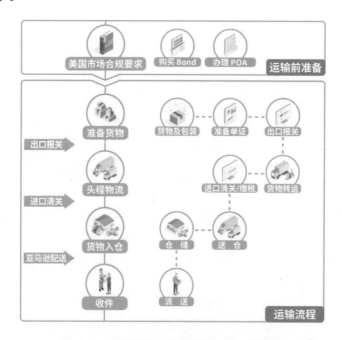

图 8-13　商品进口至美国的进口清关流程

从图 8-13 中可以看出，商品进口至美国时，需要购买海关保证金（Bond），并办理进口清关委托书（POA）。那么，什么是 Bond、POA，Bond 又该如何进行选择呢？下面笔者就通过一张图片为大家进行讲解，如图 8-14 所示。

- **Bond** 全称 Custom Bond，即海关保证金，进口商因贸易纠纷等原因产生费用时，美国海关可在 Bond 里扣钱，美国海关和政府强制规定美国的进口商必须购买。Bond 分为 Annual Bond（即年 Bond）和 Single Bond（即单次 Bond）。

  - **年 Bond：**
    ① 每年只需买一次，适用于经常进口货物的进口商；
    ② 额度是 USD 50 000，每次按照申报货值的千分之五扣除。
  - **单次 Bond：**
    ① 每次按照申报货值的千分之八点五扣除，并且每次有 Single ISF Bond 费用；
    ② 卖家可直接在亚马逊卖家平台创建货件时进行在线购买(每次成本为 140～150 美金)。

- **POA** 全称 Power of Attorney，即进口清关委托书，是指向美国海关告知卖家已授权委托亚马逊指定的清关行代理清关行为。卖家可通过清关行代理办理 POA 和购买 Bond。如届时已自行购买 Bond，则不需要再另行购买，只需办理 POA 即可。

图 8-14 Bond 和 POA 的相关介绍

8.1.5 亚马逊国际物流的解决方案

卖家在运营亚马逊跨境电商中可能会遇到一些问题，为了帮助用户解决这些问题，亚马逊在官网中为用户提供了具体的解决方案。这一节笔者就为大家讲解这些解决方案。

当卖家通过海外站点运营店铺时，首先要解决的一个问题就是通过物流将商品送到外国买家的手中。对此，卖家有两个解决方案，即选择由亚马逊负责配送，或选择卖家自行配送。

选择由亚马逊负责配送，卖家只需将商品发送到亚马逊运营中心即可，其他的配送任务可以直接交给亚马逊物流（FBA）来完成。采用这种物流解决方案的优势在于，可以享受亚马逊物流带来的一站式服务，解决物流中的难题，减少了运营的压力。

卖家自行配送，也称为"卖家自配送"（Merchant Fulfillment Network，MFN；Fulfillment by Merchants，FBM）。具体来说，"卖家自配送"的操作流程，如图 8-15 所示。

当商品因为体积、重量和品类等因素而无法通过亚马逊物流运输时，卖家便可以选择自配送。"卖家自配送"并不是说卖家安排店铺中的员工进行运输，而是说将商品交给合作的物流承运商（如中国邮政）进行运输。这就像是通过快递将物品寄给朋友一样，只是这个"朋友"在国外，所以运输的时间会比普通快递长一些。

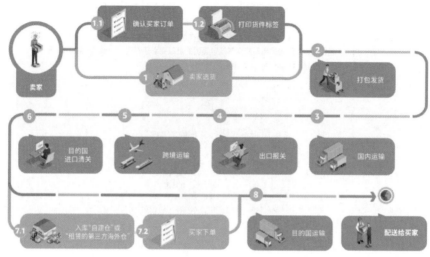

图 8-15 "卖家自配送"的操作流程

与其他配送方式相比，"卖家自配送"主要具有 5 个优势，即投入成本灵活、仓储成本低、库存灵活、选品范围广和配送范围广，具体如图 8-16 所示。

图 8-16 "卖家自配送"的主要优势

虽然"卖家自配送"具有一些独特的优势，但是卖家需要明白，并不是任何情况下都适合进行"卖家自配送"。那么，在哪些情况下适合进行"卖家自配送"呢？下面笔者就为大家介绍"卖家自配送"的使用场景，如图 8-17 所示。

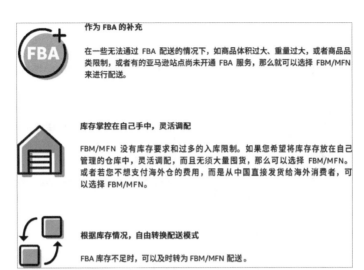

作为 FBA 的补充

在一些无法通过 FBA 配送的情况下，如商品体积过大、重量过大，或者商品品类限制，或者有的亚马逊站点尚未开通 FBA 服务，那么就可以选择 FBM/MFN 来进行配送。

库存掌控在自己手中，灵活调配

FBM/MFN 没有库存要求和过多的入库限制。如果您希望将库存存放在自己管理的仓库中，灵活调配，而且无须大量围货，那么可以选择 FBM/MFN。或者若您不想支付海外仓的费用，而是从中国直接发货给海外消费者，可以选择 FBM/MFN。

根据库存情况，自由转换配送模式

FBA 库存不足时，可以及时转为 FBM/MFN 配送。

图 8-17 "卖家自配送"的使用场景

如果卖家确定要进行"卖家自配送"，可以选择具体的运输方式。具体来说，"卖家自配送"的运输方式主要有 4 种，即邮政包裹、国际快递、国际专线和海外仓配送。下面笔者就从优势、劣势、配送追踪、退货、配送价格和预估配送时效等方面，对这 4 种运输方式进行对比，以增加大家的了解，如图 8-18 所示。

项目	邮政包裹	国际快递	国际专线	海外仓配送
优势	• 价格低 • 配送范围广	• 时效快 • 易追踪	• 时效较快	• 时效快 • 无品类限制
劣势	• 时效慢 • 价格波动大 • 平邮包裹追踪难	• 价格高 • 商品限制 （带电）	• 价格较高 • 揽收范围有限	• 有滞销风险 • 有库存压力 • 会增加 VAT 成本
配送追踪	有（除平邮外）	有	有	有
退货	退至发件人	退至发件人	退至发件人	退至海外仓
配送价格（由低到高）				
邮政包裹 < 海外仓配送 < 国际专线 < 国际快递				
预估配送时效（由快到慢）				
海外仓配送 < 国际快递 < 国际专线 < 邮政包裹				

图 8-18 "卖家自配送"运输方式的对比分析

在进行"卖家自配送"时，卖家可以享受亚马逊的"购买配送"服务（即 Buy Shipping，是指亚马逊针对"卖家自配送"提供的线上发货服务）。具体来说，卖家可以通过卖家平台，或者使用"购买配送"服务，向合作的物流承运商购买物流配送服务。对于卖家来说，通过"购买配送"服务发货具有一定的优势，具体如图 8-19 所示。

有助于维护卖家绩效

- **负面反馈勿忧心：负面买家反馈政策**

  隐去由于卖家配送服务导致的负面买家反馈，有助于维护与改善您的绩效指标

- **交易索赔有保障：亚马逊商城交易保障索赔保护（A to Z）**

  亚马逊美国站和欧洲站使用购买配送服务的订单，可以享受<u>亚马逊商城交易保障索赔</u>条款以及订单缺陷率的保护

- **配送状态可追踪：自动发货确认，帮助有效追踪率合规**

  通过"购买配送"配送的订单不需要单独进行发货确认。亚马逊会自动进行订单发货确认，并上传追踪信息

改善买家购物体验

- **提升准时送达**

  亚马逊会自动匹配满足向买家承诺的配送时效的多种配送服务，卖家可根据自身情况进行选择，让商品更准时送到买家手中

- **减少顾客问询**

  买卖双方皆可查询订单轨迹，减少顾客问询，提升购物体验

图 8-19　通过"购买配送"服务发货具有一定的优势

在亚马逊跨境电商平台上，有些商品只能通过"卖家自配送"进行运输。其中，适合通过"购买配送"服务发货的商品类型，如图 8-20 所示。

季节性商品
难以预计销量的季节性商品，如服装、节日用品等

库存周转慢的商品
大码/小码服装，以及平时需求不旺或销量不佳的商品

不适合 FBA 的商品
由于品类限制或体积重量，无法选择 FBA 的商品

低客单价小件商品
卖家自行仓储、拣货及包装的成本低于 FBA 成本的商品

套装/定制类商品
配送前需要检验、定制或打包售卖的商品

危险品
如带电玩具等

图 8-20　适合通过"购买配送"服务发货的商品类型

一些卖家，特别是新手卖家，可能不知道如何寻找第三方物流承运商，为了解决这一问题亚马逊推出了合作承运人计划（Partnered Carrier Program，PCP）和服务提供商网络（Service Provider Network，SPN）。

合作承运人计划是指商品到达目的国之后，通过亚马逊合作的承运人将商品运送到亚马逊运营中心。合作承运人计划中的承运人可以分为两类，即小包裹快递（SPD）承运人和汽运零担/整车运输配送（LTL/FTL）承运人。这两种承运人的

具体介绍，如图 8-21 所示。

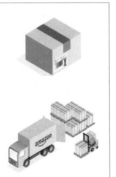

- **小包裹快递（SPD）承运人：** 小包裹快递（Small Parcel Delivery，SPD）通常由 UPS 来进行小包快递的派送。如果您选择亚马逊合作 SPD 承运人配送小包裹快递，要先使用箱子包装好商品，并在每个箱子上贴好标签。当您完成了货物的准备后，联系 SPD 承运人取件（仅限目的国当地），或是将包裹送到承运人投件网点即可。

- **汽运零担（LTL/FTL）承运人：** 如果您的货物总重量超过68千克（即150磅），您可以考虑使用亚马逊合作汽运零担/整车运输配送（LTL/FTL）承运人计划帮助您进行入库运输以节省费用。使用亚马逊合作承运人计划的汽运零担货物必须放在托盘上，并需要在规定的运输日期之前准备好货物。

图 8-21　小包裹快递（SPD）承运人和汽运零担 / 整车运输配送（LTL/FTL）承运人的具体介绍

在亚马逊跨境电商店铺的运营中，卖家可以通过服务提供商网络向第三方服务商寻求帮助。目前，服务提供商网络可以为卖家解决账户管理、图文版商品描述、商品目录、翻译、会计、培训、仓储、亚马逊物流预处理、国际配送、退货和广告优化等方面的难题。

通过前文介绍，相信大家对亚马逊物流解决方案的相关内容已有所了解。下面笔者就通过一张图片，总结亚马逊物流解决方案的相关服务，让大家从整体上了解这些服务，如图 8-22 所示。

服务名称		服务负责方	服务范围
亚马逊物流及库存管理解决方案	亚马逊物流（FBA）	亚马逊	1. 卖家可在卖家平台创建订单，并将货物运输至目的国的亚马逊运营中心； 2. 亚马逊运营中心储存并管理您的商品，并根据您的订单完成拣货、包装、配送； 3. 亚马逊提供客户咨询、退换货等客户服务
	亚马逊跨境物流服务	亚马逊	1. 卖家可在亚马逊卖家平台预约订舱，免费将货物锁定在指定的一个亚马逊运营中心； 2. 亚马逊负责将货物从卖家处运输至国内仓库，根据海运/空运流程进行国际物流服务，到达目的国后将货物运输至指定仓库； 3. 卖家可追踪物流信息，货物送仓后再支付费用
	亚马逊"购买配送"服务（Buy Shipping）	亚马逊及合作承运商	1. 自配送卖家可通过亚马逊"购买配送"服务，使用合作的物流承运商，将商品直接从中国配送到海外消费者； 2. 由卖家负责货物的库存管理、包装、客户服务及退换货等一系列流程； 3. 由合作的物流承运商负责订单配送
亚马逊物流承运商资源	服务提供商网络（SPN）	第三方服务提供商	卖家可以通过服务提供商获取以下服务支持：账户管理、图文版商品描述、商品目录、翻译、会计、培训、合规、IP 加速器、税费、仓储、亚马逊物流预处理、国际配送、退货、图片拍摄、广告优化
	亚马逊合作承运人计划（PCP）	合作承运商	卖家可以使用目的国当地合作物流承运商，将商品通过目的国当地运输，运送至亚马逊运营中心

图 8-22　亚马逊物流解决方案的相关服务

8.1.6 亚马逊国际物流的相关知识

为了帮助卖家更好地完成国际物流的配送，亚马逊跨境电商平台中提供了一些相关服务。下面笔者就为大家介绍亚马逊国际物流的相关知识，让大家更好地享受相关的服务。

1. 什么是亚马逊国际物流

亚马逊国际物流，也可称为"亚马逊跨境物流"，简单来说，就是亚马逊跨境电商平台中提供的国际物流服务。图 8-23 所示为亚马逊平台中跨境商品的运输流程。其中，箭头部分包含的内容都在亚马逊国际物流的服务范围内。

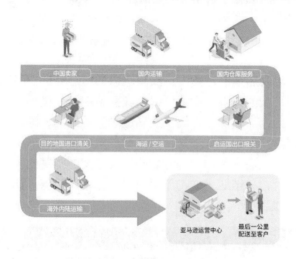

图 8-23　亚马逊平台中跨境商品的运输流程

具体来说，亚马逊国际物流主要可以为卖家提供 6 类服务，如图 8-24 所示。

图 8-24　亚马逊国际物流为卖家提供的服务

与其他物流方式的服务相比，亚马逊国际物流服务的优势主要体现在以下 6 个方面，如图 8-25 所示。

图 8-25 亚马逊国际物流的主要优势

2. 使用亚马逊国际物流服务的前期准备

在使用亚马逊国际物流服务之前，卖家需要先了解相关信息，并做好一些前期的准备。例如，卖家先判断需要运输的产品是不是危险品。所谓危险品，就是含有易燃、易爆炸、易腐蚀和放射性物质的商品。这些商品的运输、储存和处理可能会给健康、环境和财产带来危害，所以有的危险品是不能通过亚马逊国际物流运输的。

有的危险品在亚马逊跨境电商平台中是受管制的，亚马逊国际物流是拒绝运输这些商品的。图 8-26 所示为亚马逊国际物流拒绝运输的商品类别。

亚马逊跨境物流服务禁运属于以下类别的商品：				
爆炸性物质	易燃气体	不易燃的无毒气体	有毒气体	易燃液体
易燃固体	易自燃物质	遇湿危险的物质	氧化剂	有机过氧化物
有毒物质	放射性材料	传染性物质	腐蚀性物质	其他危险物质
除以上类别的危险品，亚马逊跨境物流服务还禁运以下商品：				
酒精饮料（包括无醇啤酒）	孔明灯或水灯	汽车轮胎	包装松动的电池	存在残损或缺陷的商品
礼品卡、礼券和其他储值工具	非法复制、复印或制造的商品	未正确注册标签或标签与所注册商品不符的商品	需要预处理但未按亚马逊要求进行预处理的商品	不符合亚马逊与卖家之间任何协议要求的商品
带有未授权营销材料（例如宣传册、价格标签和其他非亚马逊标签）的商品				
被亚马逊通过其他方式确定为不适宜销售的商品				

图 8-26 亚马逊国际物流拒绝运输的商品类别

另外，亚马逊国际物流的运输通常会经历一段较长的时间，为了保证商品可以按时送到买家手中，卖家应该了解亚马逊国际物流的具体运输流程，并及时做好发货准备。亚马逊国际物流的海运发货运输流程和亚马逊国际物流的空运发货运输流程，如图 8-27、图 8-28 所示。

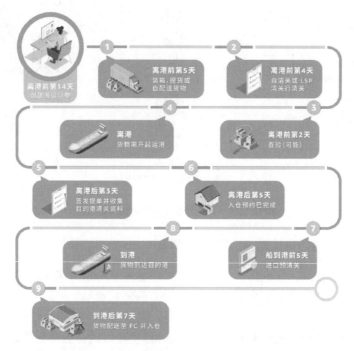

图 8-27　亚马逊国际物流的海运发货运输流程

图 8-28　亚马逊国际物流的空运发货运输流程

从图 8-27、图 8-28 可以看出，海运和空运的运输时间是存在一定差异的。具体来说，空运的运输时间明显要短得多。因此，如果卖家亟须将产品送到买家手中，可以优先选择空运。

当然，无论是海运发货运输，还是空运发货运输，卖家都需要了解商品包装的相关要求，确保商品的包装符合运输要求。图 8-29 所示为亚马逊国际物流发货中的商品包装的注意事项。

- 纸箱包装要求
  - 纸箱尺寸要求：纸箱任意一边尺寸不得超过63.5cm，超过则要放置在1m×1.25m的托盘上；选择纸箱的尺寸要确保在货物放入后，剩余最少空间。

（纸箱剩余最少空间）　　　（纸箱空间利用率低）

- 纸箱包装材质要求：
  - 用大尺寸的衬垫，如空气枕、泡沫纸或者气泡膜保护货物。如果包装材质不被亚马逊运营中心接受，会导致商品被拒收或收取额外包装费用；
  - 纸箱不能使用松紧带、胶带等附加打包带来捆绑，也不能使用大型订书钉或尼龙纤维胶带。

- 托盘材质/包装要求
  - 使用木质托盘，尺寸为1m×1.25m，且确保四面都能正常使用。不要使用脆弱材质的托盘，如纸板箱或颗粒板。在美国库房，不支持托盘交换或借用归还。

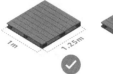

- 打托的高度要求
  - 集装箱的标准高度为280cm，从托盘最上方到集装箱的顶部建议您最少留有8cm空隙；
  - 货物打托的标准高度为127cm（114cm货物高度+13cm托盘高度），打托后的高度可以是127cm（矮托盘）或254cm（高托盘），2个矮托盘可以堆叠成1个高托盘，双层堆叠托盘可以使卡车空间利用率及托盘货运效率最大化；
  - 当货物因为产品特性而不能堆叠时，打托的高度可以是272cm（259cm货物高度+13cm托盘高度）。
- 托盘贴标签要求
  - 打托货物时，托盘上的纸箱标签需要面朝外，以便标签上的条形码可直接被扫描；
  - 通常情况下，一个托盘只能堆有一个 SKU[1]。当一个托盘上有多个 SKUs 出现时，SKUs 分开堆放就不会在收货时造成错误。同时要在托盘上贴一张 ⚠ MIXED SKU 警示标签。

1. SKU：全称 Stock Keeping Unit，即库存量单位，库存进出计量的基本单元，可以是以件、盒或者托盘等为单位。

图 8-29　亚马逊国际物流发货中的商品包装的注意事项

3. 使用亚马逊国际物流服务的操作指导

卖家要想享受亚马逊国际物流的相关服务，还得了解相关的操作方法。对此，卖家可以通过如下步骤，查看亚马逊国际物流服务的操作指导文件。

步骤 01 单击"卖家大学"页面中的"使用亚马逊跨境物流服务操作指导"链接，如图 8-30 所示。

图 8-30 单击"使用亚马逊跨境物流服务操作指导"链接

步骤 02 操作完成后，即可查看"使用亚马逊跨境物流服务操作指导"文件。图 8-31 所示为该文件的目录。从该目录中不难看出，卖家可以在该文件中查看订舱预约和货物追踪查询的操作指导。

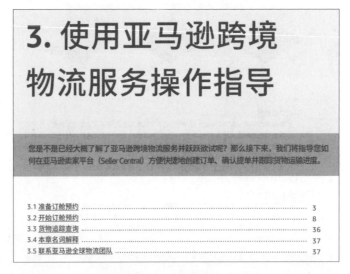

图 8-31 "使用亚马逊跨境物流服务操作指导"文件的目录

8.2 亚马逊物流详解：帮小白卖家快速摸清门道

强大的亚马逊物流（FBA）体系是亚马逊跨境电商的一大优势，这也是许多卖家入驻亚马逊跨境电商平台的一个重要原因。那么，你是否足够了解亚马逊物流呢？这一节，笔者就为大家介绍亚马逊物流的相关知识，帮小白卖家快速摸清亚马逊物流 FBA 的门道。

8.2.1 亚马逊物流费用计算方式

对于卖家来说，物流费用是运营成本的一个重要组成部分。那么，如果卖家选择的是亚马逊物流，要如何计算费用呢？具体来说，亚马逊物流的费用由 3 个部分组成，即仓储费、配送费、其他杂费，如图 8-32 所示。下面就具体分析亚马逊物流各部分的费用。

图 8-32 亚马逊物流各部分的费用

1. 仓储费

商品的仓储费可以从 3 个方面进行分析，即月度库存仓储费、长期库存仓储费和库存仓储超量费。月度库存仓储费就是每月收取的库存仓储费。需要注意的是，普通商品的月度库存仓储费和危险品的月度库存仓储费是有所不同的。图 8-33 所示为亚马逊跨境电商美国站的月度库存仓储费和危险品月度库存仓储费的相关介绍。

月度库存仓储费
亚马逊一般会在次月的7日到15日之间收取上个月的库存仓储费。费用因商品尺寸分段和一年中的不同时间而异，具体参见下表：

月份	标准尺寸	大件
1—9月	每立方英尺0.75美元	每立方英尺0.48美元
10—12月	每立方英尺2.40美元	每立方英尺1.20美元

危险品月度库存仓储费
对通过亚马逊物流危险品计划进行销售，且需要进行特殊处理和按危险品储存的商品，需要按照下表计算新月度库存仓储费：

月份	标准尺寸	大件
1—9月	每立方英尺0.99美元	每立方英尺0.78美元
10—12月	每立方英尺3.63美元	每立方英尺2.43美元

图 8-33 亚马逊跨境电商美国站的月度库存仓储费和危险品月度库存仓储费的相关介绍

长期库存仓储费（Long-term Storage Fee，LTSF）是指商品储存在亚马逊运营中心超过 365 天时，亚马逊物流收取的费用。当然，不同品类的商品收取的长期库存仓储费也是有所不同的。图 8-34 所示为玩具类和图书类的长期库存仓储费计算方式。

玩具：11x8x2英寸	存放时间	每立方英尺所适用的 LTSF/美元	每件商品所适用的 LTSF/美元	收取的长期仓储费（以较大值为准）/美元
1件商品	超过365天	0.70	0.15	0.70
2件商品	超过365天	1.41	0.30	1.41
10件商品	超过365天	7.03	1.50	7.03
图书：8x6x0.5英寸	存放时间	每立方英尺所适用的 LTSF/美元	每件商品所适用的 LTSF/美元	收取的长期仓储费（以较大值为准）/美元
1件商品	超过365天	0.10	0.15	0.15
2件商品	超过365天	0.19	0.30	0.30
10件商品	超过365天	0.96	1.50	1.50

图 8-34　玩具类和图书类的长期库存仓储费计算方式

如果卖家在亚马逊物流中有仓储限制，且当前库存已超过仓储限制，那么便需要向亚马逊物流支付库存仓储超量费。图 8-35 所示为库存仓储超量费的计算公式。

我们会使用以下公式按仓储类型提供每月库存仓储超量费估算值：

预计的月度超量费 =（当前超量值 x 每日超量费率 x 月剩余收费天数）+ 截至目前产生的月度超量费

当前超量值 = 当前使用量 − 当前限制量

每日超量费率 = 10/当月天数

月剩余收费天数 = 当前月份天数 − 当日日期数值 + 1

图 8-35　库存仓储超量费的计算公式

2．配送费

亚马逊物流根据商品的尺寸和重量，按件收取配送费。图 8-36 所示为亚马逊美国站中服装与配饰类商品的配送费列表。

通常来说，商品的配送费是在核心配送费的基础上，加上一些其他费用计算得来的。那么，核心配送费的标准又是怎样的呢？图 8-37 所示为亚马逊美国站商品（除服装和配饰类）核心配送费列表。

尺寸分段	发货重量	包装重量	每件商品的配送费用
小号标准尺寸	10盎司	4盎司	2.92美元
	10～16盎司		3.11美元
大号标准尺寸	10盎司	4盎司	3.70美元
	10～16盎司		3.81美元
	1～2磅		5.35美元
	2～3磅		5.95美元
	3～21磅		5.95美元+0.38美元/磅（超出首重3磅的部分）

注：对于属于大件服装分段（小号大件、大号大件和特殊大件）的商品，亚马逊将收取核心亚马逊物流配送费用。

图 8-36 亚马逊美国站中服装与配饰类商品的配送费列表

尺寸分段	发货重量	包装重量	每件商品的配送费用
小号标准尺寸	10盎司	4盎司	2.50美元
	10～16盎司		2.63美元
大号标准尺寸	10盎司	4盎司	3.31美元
	10～16盎司		3.48美元
	1～2磅		4.90美元
	2～3磅		5.42美元
	3～21磅		5.42美元+0.38美元/磅（超出首重3磅的部分）
小号大件	71磅	1磅	8.26美元+0.38美元/磅（超出首重2磅的部分）
中号大件	151磅	1磅	11.37美元+0.39美元/磅（超出首重2磅的部分）
大号大件	151磅	1磅	75.78美元+0.79美元/磅（超出首重90磅的部分）
特殊大件	不适用	1磅	137.32美元+0.91美元/磅（超出首重90磅的部分）

注：锂电池以及包含锂电池或与锂电池一同销售的商品将需要按件支付0.11美元的额外配送费用。

图 8-37 亚马逊美国站商品（除服装和配饰类）核心配送费列表

另外，因为危险品具有一些不安全因素，所以配送的费用会比一般商品高一些。图 8-38 所示为亚马逊美国站服装类危险品配送费列表。

尺寸分段	发货重量	包装重量	每件商品的配送费用
小号标准尺寸	10盎司	4盎司	3.85 美元
	10～16盎司		4.12 美元
大号标准尺寸	10盎司	4盎司	4.45 美元
	10～16盎司		4.56 美元
	1～2磅		5.92 美元
	2～3磅		6.39 美元
	3～21磅		6.39 美元 + 0.38 美元/磅 （超出首重 3 磅的部分）

图 8-38　亚马逊美国站服装类危险品配送费列表

3．其他杂费

除了仓储费和配送费之外，亚马逊物流有时候还需要收取其他的杂费，如移除 / 弃置订单费用、退货处理费和计划外服务费等。

移除 / 弃置订单费用，顾名思义，就是移除 / 弃置订单时收取的费用，该费用通常按件收取。图 8-39 所示为亚马逊美国站的移除 / 弃置订单费用列表。

移除/弃置订单费用列表（美国站点）		
尺寸分段	发货重量	每件商品移除/弃置费用
标准尺寸	0～0.5磅	0.25美元
	0.5～1磅	0.30美元
	1～2磅	0.35美元
	2磅	0.40美元 + 0.20美元/磅 （超出首重2磅的部分）
大件商品和需要进行 特殊处理的商品*	0～1磅	0.60美元
	1～2磅	0.70美元
	2～4磅	0.90美元
	4～10磅	1.45美元
	10磅	1.90美元 + 0.20美元/磅 （超出首重10磅的部分）

注：*表示需要进行特殊处理的商品，可能包括"服装""鞋靴""钟表"及"珠宝首饰"类商品和危险品。

图 8-39　亚马逊美国站的移除 / 弃置订单费用列表

退货处理费就是买家在亚马逊平台上购买商品时，如果该商品属于免费退货配送的品类，那么卖家便需要支付一定的费用来处理这些商品。当然，不同国家或站点中收取退货处理费的商品品类是有所不同的。图 8-40 所示为部分国家或站点收取退货处理费的商品品类。

计划外服务费就是亚马逊运营中心在接收库存时出现了问题，亚马逊只得提供计划外的服务，将商品放入卖家的可售库存中，并针对相关服务收取的费用。图 8-41 所示为亚马逊美国站部分计划外服务的费用参照表。

国家或站点	收取退货处理费的商品品类
美国	服饰、钟表、珠宝首饰、鞋靴、手提包、箱包、太阳镜
欧洲	钟表、珠宝首饰、服装、鞋靴和手提包
日本	服装和配饰、鞋靴和箱包

图 8-40　部分国家或站点收取退货处理费的商品品类

问题组	问题	问题发生率	单位	指导级别和相应的计划外服务费用		
				标准 每件商品费用	提升 每件商品费用	重要 每件商品费用
安全问题 - 包装箱相关	货件箱超重	货件方面	包装箱	25 美元 + 入库问题提醒：货件	50 美元 + 入库问题提醒：货件	75 美元 + 入库问题提醒：货件
	货件箱过大					
安全问题 - 商品相关	电子商品危害		货件	25 美元 + 入库问题提醒：货件	50 美元 + 入库问题提醒：货件	75 美元 + 入库问题提醒：货件
	尖锐商品危害					
	易外溢商品危害					
安全问题 - 托拍相关	托拍状况不可接受		货件	50 美元 + 入库问题提醒：货件	100 美元 + 入库问题提醒：货件	150 美元 + 入库问题提醒：货件

图 8-41　亚马逊美国站部分计划外服务的费用参照表

8.2.2　亚马逊物流的入仓前准备

亚马逊物流入仓就是将商品运送至亚马逊运营中心的仓库。通常来说，为了让商品快速完成入仓，卖家需要全面地做好相关的准备。图 8-42 所示为商品入仓前的准备流程。

如果卖家要将商品入仓，那么一定要了解亚马逊物流的商品限制政策，因为有些商品品类是禁止通过亚马逊物流进行运输的。图 8-43 所示为亚马逊美国站的禁运商品品类。

确定商品可以入仓之后，卖家便可以创建商品信息，并对商品进行预处理。当然，在对商品进行预处理时，卖家需要遵守一定的要求。图 8-44 所示为亚马逊美国站商品预处理时的包装要求。

在预处理时，卖家可以根据亚马逊物流的装箱要求进行检查，确保自身的装箱符合要求。图 8-45 所示为亚马逊美国站的商品装箱要求。

图 8-42　商品入仓前的准备流程

亚马逊物流禁运属于以下类别的商品（美国站点）			
酒精饮料 （包括无醇啤酒）	汽车轮胎	礼品卡、礼券和 其他储值工具	松散包装的电池
带有未授权营销材料 （例如宣传册、价格 标签和其他非亚马逊 标签）的商品	需要预处理但未按 亚马逊物流包装和预处理 要求进行预处理的商品	存在残损或 缺陷的商品	在发货前未向亚马逊 正确注册标签或标签 与所注册商品不符的 商品
不符合亚马逊与卖家 之间任何协议要求的 商品	以非法方式复制、 复印或制造的商品	被亚马逊确定为 不适宜销售的商品	-

图 8-43　亚马逊美国站的禁运商品品类

 您商品使用的任何 FNSKU[1] 都必须是唯一的，且必须对应唯一一件商品。例如，每个分类类型（如尺寸或颜色）都必须具有不同的 FNSKU。

 每件商品都必须具有易于查看、可直接从外部进行扫描的条形码或标签（此标签需包含可扫描的条形码和相应的人工可读编号）。

 删除、覆盖货件箱外部原有的条形码，使其不可扫描。例如，使用不透明胶带覆盖原有条形码，或使用黑色的毡制粗头笔涂抹以使原有条形码不可扫描。这可以防止在接收过程中不小心扫描错误的条形码。

---

1. FNSKU：FBA 的商品标签编码，是在创建 FBA 发货时，系统自动生成的条码，一个 FBA 的商品 SKU 对应一个 FNSKU。

图 8-44　亚马逊美国站商品预处理时的包装要求

条目	详细要求
箱子	使用箱盖完整的六面硬质包装箱
填写信息	使用一个地址标签，其中包含清晰、完整的发货和退货信息
单独包装	对所有商品进行单独包装
尺寸重量	使用尺寸至少为6英寸×4英寸×1英寸且重量至少为1磅（任一边的长度均不超过25英寸且总重量小于50磅）的箱子可以减少延迟接收的情况
覆盖原条形码	使用不透明的胶带遮盖现有条形码，或使用黑色的毡制粗头笔涂抹以使条形码不可扫描。这样可以防止在接收过程中不小心扫描了错误的条形码
标签	• 货件中的每个箱子都必须带有自己独有的亚马逊物流货件标签（从"货件处理进度"中打印）； • 每个托拍[1]（或称"托盘"）需要四个标签，在每侧的顶部中心位置各贴一个。托拍上的每个箱子还需要贴有自己的标签； • 如果您使用大纸箱运送多个装运箱，请在大纸箱上粘贴唯一的货件标签。 • 如果使用旧包装箱，请去除原货件标签或标记
包装材料	• 使用合适的包装材料； • 使用专用于配送的强力胶带； • 在每件商品与箱子内侧之间填充2英寸厚的缓震材料
检查箱子	包装完箱子后，轻轻地晃动一下。晃动时，箱内物品不应移动。

注：1. 托拍（或称托盘）：托拍是物流运作过程中重要的装卸、储存和运输设备，一般与叉车配套使用，可极大地提升物流运输效率。

图 8-45 亚马逊美国站的商品装箱要求

需要注意的是，亚马逊物流在提供预处理服务时，是需要收取一定费用的。图 8-46 所示为亚马逊预处理服务的收费标准（美国站点）。

亚马逊预处理服务的收费标准（美国站点）						
商品分类	标准尺寸每件商品费用			大件每件商品费用		
预处理分类	预处理	贴标	总计	预处理	贴标	总计
易碎品 玻璃制品 • 气泡膜包装 • 贴标	0.80美元	0.30美元	1.10美元	1.60美元	0.30美元	1.90美元
液体 • 塑料袋包装 • 贴标（可选）	0.50美元	0.30美元	0.50~0.80美元	1美元	0.30美元	1~1.30美元
服装/面料/毛绒 玩具和纺织品 • 塑料袋包装 • 贴标（可选）	0.50美元	0.30美元	0.5~0.80美元	1美元	0.30美元	1~1.30美元
母婴用品 • 塑料袋包装 • 贴标（可选）	0.50美元	0.30美元	0.50~0.80美元	1美元	0.30美元	1~1.30美元
尖利物品 • 气泡膜包装 • 贴标	0.80美元	0.30美元	1.10美元	1.60美元	0.30美元	1.90美元
小件 • 塑料袋包装 • 贴标（可选）	0.50美元	0.30美元	0.80美元	不适用	不适用	不适用
成人用品 • 塑料袋包装 （黑色或不透明） • 贴标	1美元	0.30美元	1.30美元	2美元	0.30美元	2.30美元

图 8-46 亚马逊预处理服务的收费标准（美国站点）

另外，在商品入仓之前，卖家可能会遇到一些问题。因此，为了帮助卖家快速完成入仓，亚马逊在官网中对常见的入仓问题进行了汇总，如图 8-47 所示。

2.5.1 包装相关
- 货件尺寸、重量超出标准且未经过正确处理。
- 托拍尺寸及材质问题。
- 超大尺寸托拍选择错误。
- 包装绑扎、填充材料选择错误。

可用的保护材料			
气泡膜包装	完整的纸张（较重的牛皮纸最佳）	可充气的充气垫	聚乙烯泡沫板
不可用的包装材料			
各种类型的包装泡沫塑料（包括由可生物降解材料或玉米淀粉制成的泡沫塑料）	泡沫条	褶皱纸包装	碎纸
聚酯泡沫碎屑	发泡胶	绑扎带	铁钉、铝钉固定箱子

2.5.2 贴标相关
- ASIN & FNSKU、货件标签、托拍标签没贴或贴错。
- 标签打印错误，包含字体大小、标签纸材料、标签四周留白、标签纸大小等。

2.5.3 集装箱相关
- 不要使用散箱装载重量超过23公斤（美国）或15公斤（欧洲、日本）的纸箱；
- 重型商品（超过23公斤或15公斤）和需要警告标签的其他特殊商品，必须张贴特殊标签；
- 超大尺寸商品和箱子必须使用托拍运输，除非货物可以用叉车叉起；
- 堆叠托拍时预留足够的空间，以便卸载；
- 一定要使用充气袋、非金属绑带或安全网固定货物，因为货物可能在运输过程中发生偏移并造成残损。

图 8-47　常见入仓问题汇总

专家提醒

　　亚马逊标准识别码（Amazon Standard Identification Number，ASIN）。它是由亚马逊系统自动生成的编号，不需要卖家自行进行添加。

　　配送网络库存单位（Fulfillment Network Stock Keeping Unit，FNSKU）FNSKU 编码是卖家创建亚马逊物流 FBA 发货时，自动生成的商品标签编码。在亚马逊物流中，每个库存量单位（Stock Keeping Unit，SKU）对应一个 FNSKU。

8.2.3　亚马逊物流的库存管理

　　在通过亚马逊物流运输和储存商品时，卖家要做好库存管理。这不仅可以降低运输和储存费用，还能在一定程度上降低店铺的整体运营成本。具体来说，库存管理的作用，如图 8-48 所示。

　　为了更好地管理库存，卖家可以使用亚马逊的库存配置服务，将所有符合要求的库存都运输到亚马逊运营中心。商品到达运营中心之后，亚马逊便会对商品进行拆解，并将拆解后的商品储存在不同的运营中心。当然，亚马逊的库存配置服务需要收取一定的费用，具体收费标准，如图 8-49 所示。

在做库存管理时，卖家需要管制库存的健康。对此，卖家可以通过几个参数监控并管理库存情况。下面笔者就为大家介绍几个库存参数。

避免缺货
如因不当的库存管理导致卖家缺货，您的畅销商品排名可能会大幅下降，不仅影响销售，而且后续需要花费大量的时间、精力、金钱重新得到商品排名。通过实时掌握订单的数量和库存的多少，您可以最大限度地减少因供不应求而导致收入损失的可能性。

避免滞销
由于卖家选品错误及对库存管理不到位，出现库存积压导致滞销，这不仅影响您的亚马逊库存健康，更会让下一个销售季的产品无法正常流转，造成多方面的损失。

避免过期或过季
不当的库存管理，导致某些商品存放时间过长或没有及时在最佳销售时机售出，造成商品过期或过季从而产生损失。

图 8-48 库存管理的作用

标准尺寸（每件商品）费用	
≤453.6克 （1磅）	0.30美元
453.6~907.2克 （1-2磅）	0.40美元
＞907.2克 （2磅）	0.40美元 +（超出首重2磅的部分）0.10美元/磅
大件（每件商品）费用	
≤2.3千克 （5磅）	1.30美元
＞2.3千克 （5磅）	1.30美元 +（超出首重5磅的部分）0.20美元/磅

图 8-49 亚马逊库存配置服务的收费标准

1. 库存绩效指标

库存绩效指标（Inventory Performance Index，IPI）是衡量一段时间内卖家在亚马逊物流中的库存绩效分数。影响库存绩效分数的因素，如图 8-50 所示。在实际运营中，卖家可以通过库存绩效指标分数来判断库存绩效水平。

（1）库存绩效指标分数 ≥ 550，说明卖家的库存绩效水平较高，卖家的业务能力比较强。

（2）550 ＞库存绩效指标分数 ≥ 350，说明卖家的库存绩效处于正常水平，卖家的业务能力一般。

（3）库存绩效指标分数 ＜ 350，说明卖家的库存绩效较低，卖家的业务水平亟待提高。

因素	影响机制
冗余库存百分比	由于存在仓储费和储存成本，储备过多库存会降低收益，从而影响到库存绩效
无在售信息的亚马逊库存百分比	商品信息存在问题而无法供买家购买的库存，会导致销量降低并产生仓储成本，拉低库存绩效
亚马逊物流售出率	追踪您售出的商品与平均持有库存量的比率，有助于实时准确地了解您的库存状况，及时发现库存绩效存在的问题
亚马逊物流有存货率	保持可补货的畅销商品有存货，有助于最大限度地提高销量，并提升库存绩效

图 8-50 影响库存绩效分数的因素

2．仓储限制

为了更好地管理运营中心的仓储空间，亚马逊实行了库存仓储限制措施。具体来说，仓储限制的标准，如图 8-51 所示。

 • **个人销售账户**：实行固定的仓储限制为0.283立方米（即10立方英尺）。

 • **专业销售账户**：实行弹性仓储限制，具体取决于以下标准：
  ① IPI 分数保持在350或以上的卖家，在储存标准尺寸、大件、服装和鞋靴类商品时，将不会有容量限制；
  ② 每个季度的 IPI 分数始终低于350的卖家将在下一季度受到仓储限制；
  ③ 销售时间不足26周的新卖家，或者在两个分数检查周内都没有足够的销售数据来生成 IPI 分数的卖家，将不会受到仓储限制。
  注：在美国站，IPI 的最低阈值为400。

图 8-51 仓储限制的标准

3．库存周转周数

库存周转周数是衡量库存绩效的一种指标，该指标是在卖家的历史销量和亚马逊在售库存的预计可售周数的基础上计算得出的。通常来说，库存周转周数太短，说明商品可能会出现断货；库存周转周数太长，说明商品可能会出现库存积压。

8.2.4 亚马逊物流的操作指导

虽然亚马逊物流能够帮助卖家解决商品配送的问题，但是卖家要使用亚马逊物流的相关服务，可能需要在电脑上进行相关的操作，而部分卖家，特别是新手卖家又不知道如何进行操作。对此，亚马逊在官网上给出了操作指导，卖家可以通过如下步骤查看操作指导的相关文件。

步骤01 单击“卖家大学”页面中的“使用 FBA 操作指导”链接，如图 8-52 所示。

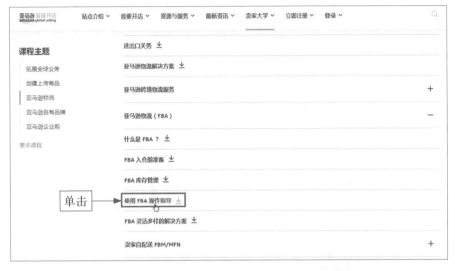

图 8-52 单击“使用 FBA 操作指导”链接

步骤02 操作完成后，即可查看“使用亚马逊物流（FBA）操作指导”文件。图 8-53 所示为该文件的目录。从该目录不难看出，卖家可以在该文件中查看创建商品详情、将库存转换为 FBA 库存和向亚马逊发 / 补货的操作指导内容。

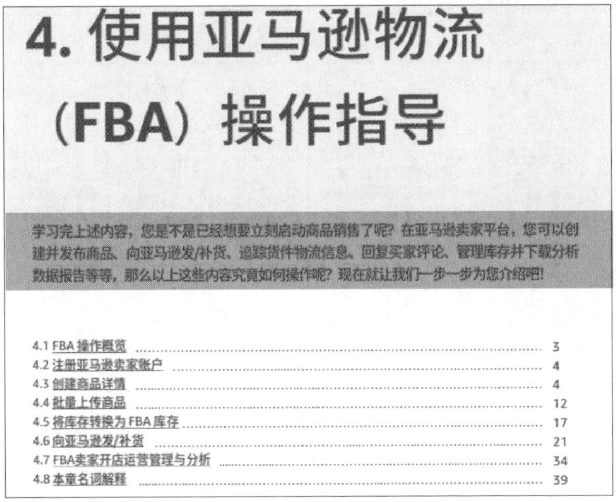

4. 使用亚马逊物流（FBA）操作指导

学习完上述内容，您是不是已经想要立刻启动商品销售了呢？在亚马逊卖家平台，您可以创建并发布商品、向亚马逊发/补货、追踪货件物流信息、回复买家评论、管理库存并下载分析数据报告等等，那么以上这些内容究竟如何操作呢？现在就让我们一步一步为您介绍吧！

4.1 FBA 操作概览 3
4.2 注册亚马逊卖家账户 4
4.3 创建商品详情 4
4.4 批量上传商品 12
4.5 将库存转换为 FBA 库存 17
4.6 向亚马逊发/补货 21
4.7 FBA卖家开店运营管理与分析 34
4.8 本章名词解释 39

图 8-53 “使用亚马逊物流（FBA）操作指导”文件的目录

8.2.5 亚马逊物流的相关计划介绍

为了让卖家借助亚马逊物流更好地展开服务，亚马逊物流推出了一些相关的计划。下面就为大家具体介绍这些计划。

1. 亚马逊物流新选品计划

亚马逊物流新选品计划是亚马逊针对库存绩效较好的卖家，提供的新品费用优惠或豁免计划。

亚马逊新选品计划从 2020 年 4 月 1 日起在北美、欧洲和日本站点施行，参与计划的卖家可以获得每月免费仓储、免费移除、免费退货处理和入库物流费折扣等权益。具体来说，亚马逊物流新选品计划的具体优惠（北美、欧洲、日本），如图 8-54 所示。

亚马逊物流新选品计划的具体优惠（北美、欧洲、日本）			
优惠	北美	欧洲（英国、德国、法国、意大利和西班牙）	日本
仅限该使用亚马逊物流的新父 ASIN	注册该计划的卖家可最多创建500个亚马逊物流新父 ASIN 来享受费用豁免。500个父 ASIN 库存限制将于每年的1月1日重置		
免除月度仓储费和移除费	卖家可在首次库存接收日期后的180天内移除其中前50件商品中的任何一件，且无须支付亚马逊物流移除费用。		
	在亚马逊运营中心收到首件商品后90天内，对于每个新父 ASIN 的前50件商品，亚马逊物流将免除月度仓储费	如果您未参与亚马逊物流欧洲整合服务，则将根据第一个入库国家/地区享受此优惠。参与Pan-EU的卖家可以入库五个亚马逊欧洲商城中的任意一个，免除这些商城内总共前50件商品的月度仓储费	在亚马逊运营中心收到首件商品后90天内，对于每个新父 ASIN 的前50件商品，亚马逊物流将免除月度仓储费
免除退货处理费	可享受免费退货处理的五类商品：服装、鞋靴、手提包和配饰、珠宝首饰、箱包和钟表	可享受免费退货处理的五类商品：服装与配饰、鞋靴箱包、珠宝首饰、钟表	免费顾客退货处理仅适用于2类商品：服装和配饰、鞋靴和箱包
	亚马逊物流将免除每个父 ASIN 最多50件商品的退货处理费。退货商品必须在首个库存接收日期后的120天内送达运营中心		
入库运输费折扣	100美元入库运输费折扣（仅限新加入亚马逊物流的卖家）：对于新加入亚马逊物流且在2020年4月1日之后注册的符合要求的卖家，亚马逊美国站将免除亚马逊合作承运人计划收取的100美元入库运输费	80英镑入库运输费折扣（仅限新加入亚马逊物流卖家）：对于在亚马逊欧洲商城新加入亚马逊物流的合格卖家，我们将通过亚马逊合作承运人计划免除首次80英镑的入库运输费（法国/德国/意大利/西班牙：90欧元）	11000日元物流运输费折扣（仅限新加入亚马逊物流的卖家）：对于2020年4月1日之后注册合格新加入亚马逊物流且通过合作承运人计划配送的卖家，运费可优惠11000日元
库存绩效指标(IPI) 分数要求	库存绩效指标 (IPI) 分数为400或更高的卖家，或根据亚马逊物流库存仓储限制政策，没有仓储限制的卖家，可以注册加入该计划	库存绩效指标 (IPI) 分数为350及以上的卖家，或根据亚马逊物流仓储限制变更政策，没有被仓储限制的卖家，可注册加入该计划	

图 8-54　亚马逊物流新选品计划的具体优惠（北美、欧洲、日本）

亚马逊物流新选品计划的优势主要体现在 4 个方面，即帮助卖家更好地找到适销对路的产品，帮助卖家爆单；拓宽卖家的选品范围，缓解卖家的选品担忧；增加产品的变体（指同款产品的不同型号），适应买家多样化的需求；节省仓储费用，将更多资金用于推广引流，从而提高商品的销量。

当然，参与亚马逊物流新选品计划需要满足一定的要求。这个要求体现在两个方面，即对卖家的要求和对 ASIN 资格的要求。图 8-55 所示为参与亚马逊物流新选品计划的具体要求。

资格	详情
卖家要求	参与专业销售计划的卖家
	根据亚马逊物流库存仓储限制政策，没有仓储限制的专业卖家
ASIN 资格	只有标准尺寸商品符合计划条件
	2020年4月1日活动生效后送达运营中心
	父 ASIN 必须是亚马逊北美/欧洲/日本站点内使用亚马逊物流的新商品
	媒介类商品分类的 ASIN 和二手商品不符合要求。媒介类商品是指图书、DVD、音乐、软件和电脑/视频游戏、视频和视频游戏机以及视频游戏配件
	要符合免费退货处理的要求，ASIN 必须属于服装、鞋靴、手提包、配饰、珠宝首饰、箱包、钟表分类

图 8-55　参与亚马逊物流新选品计划的具体要求

2．亚马逊物流轻小商品计划

亚马逊物流轻小商品计划是针对轻小且价格较低的商品，推出的一种配送解决计划。目前，该计划已经在日本站，以及北美站和欧洲站部分国家的站点中开放。卖家可以借助该计划更加省钱省力地进行物流配送。

亚马逊物流轻小商品计划的优势主要体现在 4 个方面，如图 8-56 所示。也正是因为这些优势的存在，许多卖家纷纷加入了该计划。

图 8-56　亚马逊物流轻小商品计划的优势

当然，不同的站点，参与亚马逊物流轻小商品计划的要求也是有所不同的。卖家可以根据自身入驻的站点，判断自己销售的商品是否能参与该计划。图 8-57 所示为部分站点参与亚马逊物流轻小商品计划的要求。

另外，卖家需要注意的一点是，有的商品是无法参与亚马逊物流轻小商品计划的，如受限商品、亚马逊物流禁运商品、成人用品、危险品、有温度要求的商品和周转缓慢的商品。

适用站点	商品尺寸	商品价格	商品重量
美国	≤40.6厘米×22.9厘米×10.2厘米	7美元	283.5克
英国	≤30厘米×22.4厘米×2.4厘米	9英镑 (含增值税)	225克
德国	≤33.5厘米×23厘米×4.6厘米	10欧元 (含增值税)	250克
法国、意大利、西班牙	≤33厘米×23厘米×2.5厘米		
日本	≤2.3厘米×23.5厘米×30.0厘米 或 3.3厘米×30.0厘米×35.0厘米	1400日元 (各种折扣后)	950克

图 8-57 部分站点参与亚马逊物流轻小商品计划的要求

当然,参与亚马逊物流轻小商品计划的商品也是需要支付一定费用的。图 8-58 所示为参与亚马逊物流轻小商品计划的商品的计费方式。

订单类型	配送费用	轻小商品计划
商品价格低于或等于5*美元	订单处理费	每个订单0.8美元
	取件及包装费	每件商品0.75美元
	首重和续重费	每盎司0.11美元 (每件不超过 15 盎司[2])
	(单件重量 + 包装重量[1])	(向上取整到最接近的整数盎司)

注:*表示对于包含两种订单类型商品的混合订单,亚马逊将按商品价格高于5美元且不超过15美元的标准收费;对于销售价格高于15美元的商品,将收取标准亚马逊物流费用。
对于在2019年7月26日之前注册轻小商品计划的商品,其价格上限截至2020年4月30日为15美元;自2020年5月1日起,所有超过7美元或283.5克(10盎司)的商品将转换为标准亚马逊物流并收取亚马逊物流配送费用。

1. 包装重量:是指包装箱和包装材料的重量。在亚马逊物流轻小商品计划中,我们对每个包裹使用20克(0.7盎司)的标准包装重量。
2. 15盎司:约425克。

图 8-58 参与亚马逊物流轻小商品计划的商品的计费方式

3. 亚马逊物流远程配送计划

亚马逊物流远程配送计划是亚马逊为解决卖家远程配送问题推出的一种配送方案。借助该计划,卖家可以开展远距离销售业务,更快速地完成商品的配送。具体来说,卖家通过该计划销售商品时,无须先将库存运输到目的国家,而是直接使用亚马逊物流库存向目的国家的买家配送商品。

对于卖家来说,亚马逊物流远程配送计划的优势主要体现在 4 个方面,如图 8-59 所示。

卖家需要注意的是,并不是所有商品都可以参与亚马逊物流远程配送计划的。因为该计划对于商品有一定的要求,以美国、加拿大和墨西哥这 3 个站点为例,该计划对于商品的要求,如图 8-60 所示。

另外,通过亚马逊物流远程配送计划配送商品是需要支付一定费用的,且每个国家的费用标准还存在一些差异。图 8-61 所示为加拿大站和墨西哥站亚马逊物流远程配送计划的费用标准。

· 远程配送不同于亚马逊物流出口。借助亚马逊物流出口计划，卖家可以向全球买家提供其在亚马逊美国站上销售的商品。

 · 由亚马逊处理跨境配送事宜，让配送流程更加简单快捷。

 · 进口关税和相关费用由买家支付，无须卖家承担。

 · 退货会直接退回至美国，且遵从亚马逊物流买家退货政策，省心省力。

图 8-59　亚马逊物流远程配送计划的优势

类别	详情
符合亚马逊物流远程配送要求的商品资格	在美国、加拿大和墨西哥商城中启用亚马逊物流
	通过亚马逊的监管风险评估
	符合所有贸易合规性要求和国内法规
不符合要求的商品类型	受限商品
	禁售商品
	危险品

图 8-60　亚马逊物流远程配送计划对商品的要求

亚马逊物流远程配送计划费用		
尺寸	加拿大（加元）	墨西哥（墨西哥比索）
小号标准尺寸（不超过1磅）	6.97	97.64
大号标准尺寸（不超过1磅）	8.38	116.59
大号标准尺寸（1到2磅）	10.95	148.5
大号标准尺寸（超过2磅）	10.95 +（超出首重2磅的部分）0.80/磅	148.50 +（超出首重2磅的部分）6.90/磅
小号大件	17.83 +（超出首重2磅的部分）0.80/磅	197.73 +（超出首重2磅的部分）6.90/磅
中号大件	32.15 +（超出首重2磅的部分）0.80/磅	339.92 +（超出首重2磅的部分）6.90/磅
大号大件	123.95 +（超出首重90磅的部分）1.60/磅	718.87 +（超出首重90磅的部分）13.80/磅

图 8-61　加拿大站和墨西哥站亚马逊物流远程配送计划的费用标准

4．亚马逊物流出口计划

为了帮助卖家开展全球销售业务，亚马逊推出了亚马逊物流出口计划。借助该计划，卖家可以在亚马逊平台上发布亚马逊物流商品，并将出口订单配送到全球各地的买家手中。

对于卖家来说，亚马逊物流出口计划的优势主要体现在 6 个方面，如图 8-62 所示。

 • 来自100多个国家和地区的国际买家都可以访问您所在国家和地区的主商城，并能购买符合亚马逊物流出口条件的商品。

 • 您也可以使用卖家平台账户中的商品信息，向在 Amazon.com 上购物的国际买家出售符合亚马逊物流出口条件的商品。除了多渠道配送订单外，卖家无须支付其他费用，即可使用亚马逊物流出口计划。

 • 亚马逊可帮助您确定符合亚马逊物流出口条件的商品，配送您的国际订单，处理进口关税和清关，并将您的商品配送到国际买家手中。

 • 国际配送运费和关税由国际买家支付。配送亚马逊物流出口订单无须额外支付任何费用。

 • 您可以按业务需求从亚马逊物流出口计划中排除商品，也可以排除不需要的国家和地区。

 • 亚马逊将根据退货政策，确定通过亚马逊物流出口配送的商品是否符合退货条件。

图 8-62　亚马逊物流出口计划的优势

亚马逊物流出口计划对于商品的进口和出口是有一定限制的。通常来说，具有特定军事用途、具有军民两用性、包含濒危物种和具有文化意义的商品是不能出口的。除此之外，有的商品品类的进口是受到限制的。图 8-63 所示为亚马逊物流出口计划中限制进口的商品品类。

亚马逊物流常见进口限制商品		
酒类	药物用具	成人用品
酿酒设备	仿真货币	密码电子设备
赌博相关商品和用具	婴儿学步车、婴儿自行喂养设备和汽车座椅	食品、药品和补充剂包括宠物食品和宠物补充剂
医疗器械包括诊断套件、医疗警报装置和性别决定套件	化学品包括杀虫剂、化肥、杀虫剂、工业用化学品、汽车用化学品和某些清洁剂	武器、武器组件和武器配件包括防身喷雾、BB/气枪/彩弹枪及部件、瞄准具、枪套和便携包

图 8-63　亚马逊物流出口计划中限制进口的商品品类

另外，通过亚马逊物流出口计划配送商品，是需要支付一定费用的。具体来说，通过亚马逊电商平台出口的国际订单无须支付额外费用，并按照标准尺寸的媒介类商品计算配送费用；而通过其他渠道出口的国际订单，则参照相关标准收取配送费用，如图 8-64 所示。

标准尺寸商品件数		美洲	非洲和中东	亚洲和大洋洲	欧洲
订单处理/每个订单		13.65 美元	13.65 美元	13.65 美元	13.65 美元
取件及包装费用/每件商品		0.60 美元	0.60 美元	0.60 美元	0.60 美元
首重和续重费 /每磅*	首重6.8千克 (15磅)	2.40 美元	3.60 美元	3.00 美元	2.20 美元
	+续重7.3千克- 9.1千克 (16 - 20磅)	0.50 美元	0.50 美元	0.50 美元	0.50 美元

注：*表示总配送重量的计算方式为计算货件中每件商品的单个商品重量加上10%的衬料重量，四舍五入到最近的磅数。

图 8-64　通过其他渠道出口的国际订单的配送费用参照标准

除了上述计划之外，亚马逊官网中还介绍了一些其他的计划，并且还会不定时地推出一些新的计划。卖家可以多关注亚马逊官网，了解这些计划的详情，并选择适合自身的计划。

需要说明的是，有时候某个订单中的商品同时符合多个计划的要求，如果这些计划卖家都参与了，那么该订单的配送费用可以得到有效的降低。因此，卖家不妨根据官网中各计划的介绍，参与所有适合的计划。

第 9 章

账户管理：牢记这两点更加安全

学前提示

　　在亚马逊店铺的运营过程中，账户的管理非常重要。只有做好账户管理，保证账户的安全，才能让店铺健康地发展下去。那么，卖家要如何做好账户管理呢？笔者认为需要重点做好两点，即保证账户安全和正确设置收款账户。本章笔者就来具体进行说明。

9.1　账户管理：亚马逊店铺的管理攻略

在亚马逊店铺的运营过程中，卖家需要了解账户的相关信息，并对账户的信息进行管理，从而保证账户的安全运营。这一节笔者就为大家讲解亚马逊店铺账户的相关信息，帮助大家做好账户的安全管理。

9.1.1　查看卖家账户状况评级

对于卖家来说，账户的状况评级是必须要重点关注的一项信息。如果账户状况评级达不到要求，那么账户可能会面临停用。在这种情况下，账户的安全管理无疑将受到威胁。对此，卖家可以先查看账户的状况评级，当状况评级不佳时，卖家可以有针对性地进行改进，提高账户的评级。具体来说，卖家可以通过如下步骤查看账户的状况评级。

步骤 01　进入卖家后台的主页面，将鼠标停留在左侧菜单栏中的"绩效"选项卡上，会弹出一个子类目列表框。单击列表框中的"账户状况"按钮，如图 9-1 所示。

图 9-1　单击"账户状况"按钮

步骤 02　操作完成后，进入"账户状况"页面。卖家可以在该页面的"政策合规性"板块中，查看账户状况评级情况。例如，笔者运营的账户显示的状况评级为"良好"，如图 9-2 所示。

另外，卖家可以将光标放置在"账户状况评级"情况上，查看账户状况评级的相关说明，如图 9-3 所示。从该图不难看出，当账户状况评级为"存在风险"或"严重"时，账户将有可能面临停用的风险。因此，卖家需要做好账户安全管理，避免在运营过程中出现违反政策和规则的行为。

图 9-2　查看账户状况评级情况

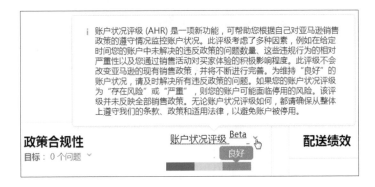

图 9-3　查看账户状况评级的相关说明

9.1.2　查看和设置卖家账户信息

在卖家后台中，卖家可以通过一定的操作查看和设置账户信息。例如，卖家可以通过如下步骤设置和查看账户中的卖家信息。

步骤 01　进入卖家后台的主页面，将鼠标停留在右侧菜单栏中的"设置"选项卡上，会弹出一个子类目列表框。单击列表框中的"账户信息"按钮，如图 9-4 所示。

步骤 02　进入"卖家账户信息"页面，单击页面中的"您的卖家资料"按钮，如图 9-5 所示。

图 9-4　单击"账户信息"按钮

图 9-5　单击"您的卖家资料"按钮

步骤 03　进入"卖家信息"页面，卖家可以在该页面中设置商店信息和客户服务信息。以设置客户服务信息为例，卖家只需单击"客户服务详细信息"后方的"编辑"按钮即可，如图 9-6 所示。

图 9-6　单击"编辑"按钮

步骤 04　进入"卖家信息"的"编辑客户服务详细信息"板块，在该板块中输入相关信息，并单击"提交"按钮，即可对客户服务信息进行设置。例如，可以❶输入客户服务电话号码；❷单击"提交"按钮，如图 9-7 所示。

步骤 05　操作完成后，"卖家信息"的"编辑客户服务详细信息"板块中会出现"客户服务详细信息已成功更新"的提示，如图 9-8 所示。返回"卖家信息"页面，如果此时"客户服务详细信息"板块中"电话"下方显示刚刚输入的电话号码，就说明客户服务电话设置成功，如图 9-9 所示。

图9-7 "卖家信息"的"编辑客户服务详细信息"板块

图9-8 出现"客户服务详细信息已成功更新"的提示

图9-9 客户服务电话设置成功

除了查看和设置卖家账户信息之外，卖家还可以对账户的相关信息进行管理，具体操作步骤如下。

步骤01 卖家可以单击"卖家账户信息"页面中"账户管理"板块下方的按钮，对相关信息进行管理。以管理"用户权限"为例，卖家可以单击"账户管理"板块下方的"用户权限"按钮，如图9-10所示。

步骤02 操作完成后，进入"用户权限"页面。卖家可以在该页面中对卖家账户的用户权限进行设置，例如可以在"添加新用户"板块的下方输入名称和电子邮件地址，并单击"邀请"按钮，如图9-11所示。

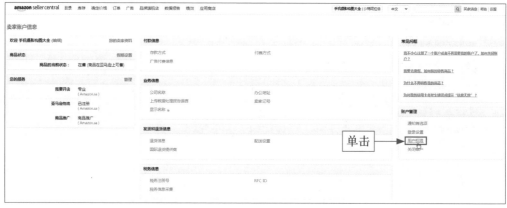

图 9-10　单击"用户权限"按钮

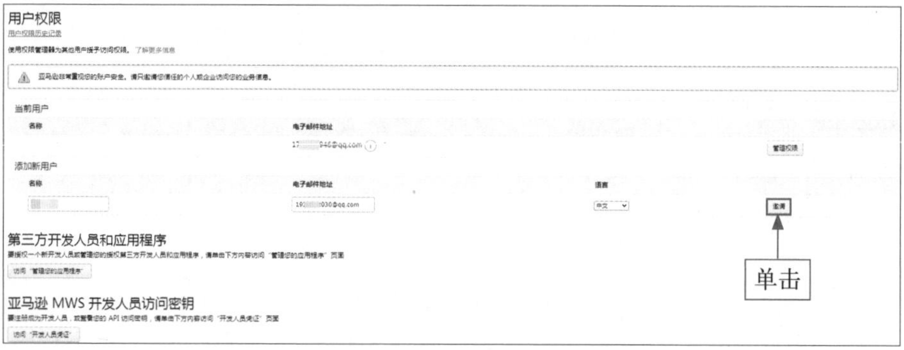

图 9-11　单击"邀请"按钮

步骤 **03** 操作完成后，对应邮箱中将收到亚马逊平台发送的"卖家平台邀请"邮件，卖家只需按照邮件中的步骤进行操作，便可让对应用户获得卖家后台访问权限，如图 9-12 所示。

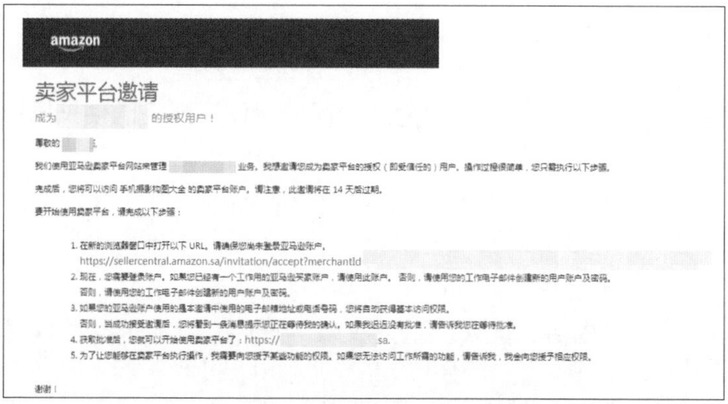

图 9-12　亚马逊平台发送的"卖家平台邀请"邮件

9.1.3 查看和设置全球账户信息

当卖家在多个亚马逊站点上注册了账户时，便可以通过卖家平台中的"全球账户"功能查看和设置这些账户的信息。具体来说，卖家可以通过如下步骤查看和设置全球账户的信息。

步骤 01 进入卖家后台的主页面，将鼠标停留在右侧菜单栏中的"设置"选项卡上，会弹出一个子类目列表框。单击列表框中的"全球账户"按钮，如图 9-13 所示。

图 9-13 单击"全球账户"按钮

步骤 02 进入"您的全球账户"页面的"账户"板块，该板块中会显示卖家注册的店铺账户，有需要的卖家还可以单击账户名称后方的"重命名"按钮，更改账户名称，如图 9-14 所示。

图 9-14 "您的全球账户"页面的"账户"板块

步骤 03 有需要的卖家还可以单击"您的全球账户"页面中的"合并账户"按钮，进行账户合并操作。具体来说，在"您的全球账户"页面的"账户"板块中，卖家只需选中两个账户，便可进行账户合并操作。当然，因为笔者只注册了一个店铺账户，所以在该页面中是无法进行账户合并操作的，如图 9-15 所示。

图 9-15　只注册一个店铺账户无法进行账户合并操作

　　另外，"您的全球账户"页面的"合并账户"板块中，还对账户合并的一些常见问题进行了解答。如果卖家确定要进行账户合并，或者对账户合并有疑问，可以查看这些问题及其解答内容。

9.1.4　卖家账户的关闭与被关闭

　　如果卖家决定不再运营亚马逊店铺，可以选择关闭账户，停止提供服务。具体来说，卖家可以通过如下步骤，关闭店铺账户。

　　步骤 01　进入"卖家账户信息"页面，单击"账户管理"板块中的"关闭账户"按钮，如图 9-16 所示。

图 9-16　单击"关闭账户"按钮

　　步骤 02　操作完成后，进入"联系我们"页面的"关闭您的账户"板块，❶选中"请求关闭账户"单选按钮；❷单击"下一页"按钮，如图 9-17 所示。

　　步骤 03　操作完成后会弹出"您已选择永久关闭账户的选项。是否确定要继续？"提示框，单击提示框中的"是"按钮，如图 9-18 所示。

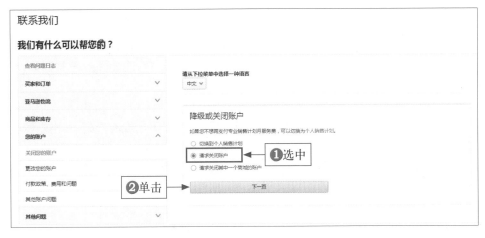

图 9-17 单击"下一页"按钮

图 9-18 单击"是"按钮

步骤 04 操作完成后，便可关闭店铺账户。

除了自行关闭账户之外，卖家可能还会遇到一种状况，那就是卖家操作不规范，被平台关闭了账户。通常来说，卖家被平台关闭账户主要有以下几点原因。

1. 操控买家评论

很多卖家都是因为操控买家评论被关闭账户的。具体来说，如果亚马逊平台监测到大量存在不良购买记录和评论记录的买家购买了你的商品，那么亚马逊平台会认为卖家可能在操控买家评论，并因此关闭卖家的账户。

2. 账户关联原因

通常来说，因为账户关联被关闭账户主要可以分为两种情况，一是亚马逊平台发现卖家同时运营多个店铺账户，让卖家选择一个账户进行运营，并关闭其他账户，这种情况其实是可以通过账户合并来解决的；二是卖家同时运营多个店铺账户，并且其中一个账户被关闭了。此时因为这些账户之间具有联系，所以其他的账户可能也会被关闭。

3．违反平台规则

亚马逊平台有自己的销售规则，卖家在销售商品时需要遵循这些规则。如果卖家在运营店铺中出现了严重违规的情况，那么卖家的账户可能会因此被关闭。

4．账户绩效超标

账户绩效超标主要是指账户的订单缺陷率和商品政策合规率超标，当这两项内容超标时，亚马逊平台会认为账户中销售的商品在质量上存在问题，或者认为商品存在侵权的情况，并因此关闭账户。

5．被他人恶意投诉

如果卖家收到竞争对手的恶意投诉，致使卖家收到大量退货和差评，那么卖家的账户也可能会被亚马逊平台关闭。

当卖家的账户被关闭，特别是被错误关闭时，卖家需要通过申诉来恢复账户的相关权限。需要特别注意的是，卖家在申诉之前需要先确定账户被关闭的原因，只有这样才能找到合适的解决方案，提高申诉的成功率。

另外，卖家通常只有两次申诉机会，因此要把握好每次机会，认真地做好准备。如果因为准备不到位而没有申诉成功，那就太可惜了。

9.1.5　避免账户关联的技巧

账户关联是部分卖家账户被关闭的一个主要原因，那么如何避免账户关联，降低账户被关闭的概率呢？笔者认为，避免账户关联可以从两个方面进行，一是账户的注册，二是账户的登录和使用。

具体来说，在注册账户，特别是新账户时，卖家需要使用具有单独 IP 的网络，确保网络的安全。另外，最好买一个新的手机号，用该手机号注册账户，并将该手机号作为账户的联系方式。

账户注册成功后，则尽量不要直接使用手机登录卖家后台，因为手机可能会连接不同的 Wi-Fi，可能会因为与其他账户使用同一网络而产生关联。如果是用台式电脑，则可以直接连接网线；如果是用笔记本电脑，则可以使用固定的无线网卡。

9.1.6　亚马逊账户的正确布局

卖家账户在运营的过程中，要懂得进行布局，寻找更适合自己的运营模式。具体来说，在做账号布局时，卖家需要重点考虑好以下几点。

1．是走垂直路线，还是重点打造品牌

所谓走垂直路线，就是重点销售某个品类的商品，所有的商品都具有较强的关

联性。如果卖家确定要走垂直路线，就应该找好产品线，确保货源充足，避免因缺货而出现"今天卖手机壳，明天卖服装"的现象。

重点打造品牌就是通过为用户提供高质量的商品，打造品牌的口碑，从而提高品牌的知名度和影响力。需要说明的是，卖家如果要走打造品牌这条路，就有必要在亚马逊平台上注册品牌信息，只有这样才能借助亚马逊的站内广告进行品牌推广。

2．是做精细化运营，还是做铺货测试

所谓精细化运营，就是选择几种比较受用户欢迎的商品进行重点销售，通过减少商品的款式，提高卖家的专注度，从而为用户提供更加细致的服务。当然，要做精细化运营首先还得选择合适的商品，而要选择合适的商品，又少不了通过铺货测试来评估商品的受欢迎程度。

铺货测试，就是同时选择多种商品并进行多渠道铺货，对这些商品进行测试，看看哪些商品比较受用户的欢迎。在做铺货测试时，卖家也可以根据店铺的定位来选择合适的商品来做测试，那些与店铺定位无关的商品，就没有必要去做测试了。例如，当卖家的店铺定位为服装店时，就只需要对服装类商品进行铺货测试即可，像食品类商品就没有必要进行铺货测试了。

3．商品要使用哪种发货方式

卖家可以为店铺账户中销售的商品选择具体的发货方式，通常来说，如果店铺的订单比较多，那么卖家只需选择单独的发货方式即可。这样，卖家只需要用默认方式发货即可，而无须将时间花费在选择发货方式上了；如果店铺账户中的订单比较少，卖家就可以重点考虑发货之后的商品运送成本，通过选择成本相对较低的运送方式，来获得更多的利润空间。

9.2 收款账户：全面解析常见收款平台

所谓收款账户，简单来说，就是商品卖出之后的资金存放账户，也就是说商品卖出之后，相关的资金自动汇入的账户。在亚马逊店铺的运营中，可供卖家选择的收款账户比较多，这一节笔者就为大家全面解析常见的收款账户。

9.2.1 亚马逊官方的收款账户

在亚马逊卖家后台中，卖家可以自行设置店铺的收款账户。具体来说，卖家可以通过如下步骤设置收款账户。

步骤 01 进入"卖家账户信息"页面，单击"付款信息"板块中的"存款方式"按钮，如图 9-19 所示。

步骤 02 进入"存款方式"页面，如图 9-20 所示。卖家只需在该页面中填写

账户的相关信息，并单击下方的"设置存款方式"按钮，便可将对应账户设置为店铺的存款账户（收款账户）。

图 9-19　单击"存款方式"按钮

图 9-20　"存款方式"页面

需要特别说明的是，有的站点中，是无法直接将中国境内的银行卡设置为收款账户的。此时，卖家可能需要根据该站点提供的收款账户类型，注册一个新账户。否则，卖家将无法在亚马逊平台中设置收款账户。

9.2.2　PingPong 和连连支付

PingPong 是由中国人创建的一个收款公司，其官网的网页比较符合国人的使用习惯。而且 PingPong 的收款手续费也比较低（很多收款公司的手续费为 3%，但 PingPong 的收款手续费仅为 1%），所以许多亚马逊卖家，特别是亚马逊中国卖家，都会选择通过 PingPong 来进行收款。

连连支付（LianLian Pay）创立于 2003 年，与 PingPong 相同，LianLian Pay 也是一家中国收款公司。LianLian Pay 是一家比较有实力的收款公司，它不仅拥有国内外支付牌照，而且还和国内多家银行有合作。也正是因为如此，它能帮助卖家解决各种收款问题，为卖家提供高效、便利的收款服务。

9.2.3　万里汇和 Currencie Direct

万里汇（WorldFirst）是一家国际汇款公司，目前该公司拥有超过 10 年行业经验，并在美国、英国、新加坡和澳大利亚等国家设置了办事处。也正是因为该公司行业经验丰富，且实力比较强，所以部分卖家会通过该公司的收款功能来进行收款。有一点需要说明的是，该公司只为具备企业资质的卖家提供开户服务。也就是说，个体卖家是无法享受该公司的收款功能的。

Currencie Direct 是一家创立于 1996 年的海外收款公司，虽然该公司的行业经验比较丰富，但是因为在中国市场中宣传不够，所以许多人都不知道它的存在。相比于其他收款公司，Currencie Direct 在开户方面是比较严格的。如果卖家要在该公司开户，需要提供公司和个人最近 3 个月的账单地址证明。

9.2.4　海外银行收款账户和国内银行收款账户

根据收款账户的所属地，可以将其分为海外银行收款账户和国内银行收款账户。下面笔者就对这两类收款账户进行简单的说明。

1. 海外银行收款账户

海外银行收款账户通常有一个开户条件，那就是在海外拥有公司。例如，要在美国银行开户，卖家需要先注册一家美国公司。这样一来，为了注册海外收款账户，卖家往往需要准备大量的资料，而且通过海外银行账户进行收款通常还需要支付一定的手续费。因此，对于大多数中国卖家来说，通过海外银行账户进行收款，并不是一个很好的选择。

2. 国内银行收款账户

国内银行收款账户除了前面介绍的 PingPong 和 LianLian Pay 账户之外，还包括中国香港的银行账户。卖家可以在花旗银行注册中国香港的银行账户，账户注册成功之后，便可以用中国香港的银行账户收取境外货币了。

专家提醒

在设置店铺收款账户时，卖家可能会遇到一些问题。下面笔者就对常见的问题进行讲解。

（1）收款账户必须是法人的账户吗？

这个问题需要根据店铺所在的站点来回答，如果店铺是在美国、日本和澳洲站注册的，那么使用卖家个人账户或公司账户都是可以的；如果店铺是在欧洲站注册的，那么就需要使用与注册公司一致的企业账户或法人的第三方账户。

（2）卖家选择收款账户时，要考虑哪些因素？

笔者认为在选择收款账户时需要重点考虑3点，即安全性、手续费和到账时间。通常来说，选择手续费相对较低的老牌公司会比较好。

（3）更换收款账户需要进行二次审核吗？

如果卖家向亚马逊平台进行了报备，那么通常是不需要进行二次审核的；如果没有进行报备就直接使用更换的收款账户，则很可能要进行二次审核。

（4）注册店铺账户之后，不设置收款账户是否会有影响？

不设置收款账户对于店铺的运营是不会产生直接影响的，只要卖家的现金流没有出现问题，那么任何时候设置收款账户都是可以的。

第 10 章

商业运营：将战略落地扩展市场

学前
提示

　　亚马逊店铺商业运营的核心就在于，将运营战略落地，扩展店铺中商品的市场，提高商品的销量，将商品打造成爆款。本章笔者就为大家介绍亚马逊店铺的运营方法，帮助大家更好地打造出爆款。

10.1 卖家运营：多维度分析聚焦目标市场

卖家在运营亚马逊店铺的过程中，需要通过多维度分析，聚焦目标市场，从而让运营活动获得更好的效果。这一节笔者就为大家介绍亚马逊运营的一些基础知识，让大家更好地找准目标市场。

10.1.1 亚马逊运营商业理念分析

在运营亚马逊店铺时，卖家需要先明白亚马逊运营的商业理念，然后再根据这些商业理念进行运营，以获得事半功倍的效果。下面笔者就为大家具体分析亚马逊运营的几个商业理念。

1. 关联推荐比广告推广重要

与很多电商平台不同的是，亚马逊平台中只会进行关联推荐，而不会通过硬广告为用户推荐毫无关联的商品。如果大家观察得比较仔细的话，就会发现，即便卖家花钱进行了商品推广，亚马逊平台也只会对推广的商品进行关联推荐。

例如，用户在通过关键词进行搜索时，搜索结果中只会展示与关键词相关的商品。其他无关的商品，即便是花钱做了广告，也不会出现在搜索结果中。另外，商品详情页相关板块中为用户推荐的商品也与该页面要销售的商品有关联。如图 10-1 所示，为某商品详情页的部分内容。可以看到，该页面中销售的是某款女运动鞋，而 "4 stars and above" 中为用户推荐的商品也都是女款运动鞋。

图 10-1　某商品详情页的部分内容

在这种商业理念之下，卖家通过广告推广获得的曝光量可能会受到限制，但是获得的都是较为精准的流量。而且因为用户通常都对平台推荐的商品有一定的需求，所以用户看到推广信息之后也不会产生反感情绪。

2．商品展示比客服沟通重要

国内许多电商平台都为买卖双方提供了在线沟通渠道，以方便双方的交流，而在亚马逊平台中却是没有在线沟通渠道的，买卖双方只能通过彼此资料中留下的邮件等联系方式进行交流。也正是因为如此，在亚马逊平台中，商品展示比客服沟通重要得多，许多用户都会通过商品详情页中的展示内容来判断是否要购买对应的商品。

对此，卖家要更加重视商品详情页中的内容呈现，因为无论是卖家自身填写的商品信息，还是买家购买商品之后写的评论、买家购买商品之后形成的销量榜单等，都会对其他用户的购物意愿产生影响。

3．商品展示比店铺设计重要

很多电商平台中都为卖家的店铺展示内容提供了专门的板块，许多卖家也是通过店铺的设计来吸引用户关注的。但是，在亚马逊平台中，卖家店铺的入口是比较隐蔽的，用户只有单击店铺所售商品详情页中"Sold by"后方的店铺链接，才可以进入店铺信息的展示页。而且即便是在店铺信息展示页中，用户也是无法像其他电商平台一样，直接关注店铺的。

另外，店铺信息展示页中，卖家可以自主设计的内容也是比较有限的，很多卖家甚至只设计了一个店铺 LOGO，其他内容都是使用的模板。在这种情况下，店铺设计为店铺运营起到的作用显然是比较有限的。相比之下，商品详情页中展示的内容对店铺运营起到的作用无疑大得多。因此，卖家与其花费心力设计店铺信息，还不如用心打磨商品详情页的内容。

4．买家意见比卖家反馈重要

相比于卖家，买家更受亚马逊平台的重视。这一点其实很好理解，毕竟一个电商平台只有吸引更多用户购买商品，才能增强其在电商领域的影响力，并吸引更多用户，特别是其他电商平台用户的关注。而买家用户又要远远多于卖家用户，因此亚马逊平台更重视买家的意见也就很好理解了。

具体来说，为了让买家充分发表自身的意见，亚马逊平台为买家提供了两个发表意见的板块，即用户评论板块和店铺反馈板块。

在用户评论板块中，买家购买商品之后，可以结合自身的使用感受发表意见，为其他有购买需求的用户提供参考。图 10-2 所示为某商品的用户评论页面。可以看到，该页面中便展示了用户的评论关键词和具体评论等内容。

而店铺反馈板块则位于店铺信息展示页面中。具体来说，在店铺信息展示页面的"feedback"（反馈）板块中，会展示买家对店铺的反馈意见，如图10-3所示。

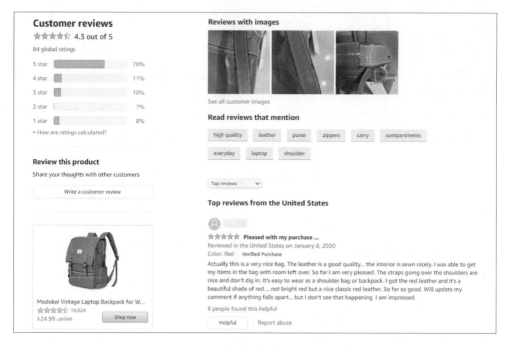

图10-2 某商品的用户评论页面

图10-3 某店铺的信息展示页面

对于卖家来说，无论是买家评论，还是店铺信息展示页面中的买家反馈，都是必须要重点关注的内容。而且为了让用户更加信任你的店铺和商品，卖家还需要采取一定的举措，引导买家给出好评。

10.1.2　亚马逊运营基本流程解析

卖家可以通过一定的流程对亚马逊店铺进行管理，保证店铺的有序运营。具体来说，亚马逊店铺运营的基本流程如下。

1. 选品

店铺运营最直接的目的就是将商品卖给用户，而为了让自己的商品受到更多用户的欢迎，获得更高的销量，卖家就需要做好选品工作，保证商品质量过关且能满足用户某方面的需求。当然，卖家也可以通过多种数据的测评，选择具有爆款潜力的商品进行销售。

2. 采购

确定了选品之后，卖家便可以采购对应的商品。当然，在采购商品时，卖家需要考虑库存问题，不能因为商品的价格合适就大肆进行采购。毕竟在采购时，卖家还不能确定商品是否会受用户的欢迎。采购量过大，不仅会增加仓储费用，而且会造成较大的库存压力。如果卖家采购的商品出现了大量的积压，那么卖家很可能会面临一定的亏损。

3. 上架

商品采购回来之后，卖家便可以制作和编辑商品信息，将商品上架到亚马逊平台。当然，为了让商品对用户更有吸引力，卖家还需要用心编写好商品详情页的相关信息。

4. 销售

商品上架之后，便可开始进行销售。当然，为了提高销售量，卖家还需要做一些促销工作。例如，花费一定的费用进行商品推广；又如，通过打折、发放优惠券等方式，吸引更多用户购买商品。

5. 发货

用户购买商品之后，卖家便可以根据订单进行发货。在发货时，卖家还需要做好一项工作，那就是选择物流运输方式。对此，卖家可以从满足运输条件的物流方式中，选择费用较低的物流方式，借此提高自身的利润空间。

6. 售后

卖家发货之后还需要做好售后工作，如及时告知物流信息、对买家的评论做出回复、帮助买家解决各种问题等。需要特别注意的是，为了提高商品和店铺的口碑，卖家需要在此过程中通过一定的举措引导买家给出好评。

7．总结

卖家可以对某段时间内的运营情况进行分析，了解浏览量、销量和评论等数据，根据这些数据和用户的具体评论内容，总结运营情况，找出自身运营过程中存在的问题，并找到问题的解决方案，从而更好地提高自身的运营水平。

10.1.3　玩转亚马逊运营的 4 个要点

在亚马逊店铺的运营过程中，卖家如果能掌握要点，就能快速玩转亚马逊运营，提升商品的受欢迎程度。具体来说，在运营亚马逊店铺时，卖家需要掌握以下几个要点。

1．选品多参考站内数据

许多卖家在选品时都会将商品的相关数据作为重要的参考因素，这些数据既包括亚马逊站内的，也包括其他电商平台中的。在笔者看来，亚马逊站内的数据会更具有参考性，因为每个电商平台的用户购物偏好都会有所差异，在其他电商平台中受欢迎的商品，不一定在亚马逊平台上也受欢迎。

而如果某类商品在亚马逊平台中比较受欢迎，那么就说明该类商品在亚马逊平台上的市场需求量比较大。此时，如果卖家销售该类商品，并通过一定的举措进行商品推广，那么就可能在亚马逊市场中分得一杯羹。

2．多账户运营要确保安全

部分卖家会组建专业的运营团队，这部分卖家通常会同时运营多个账户，因为在他们看来多一个店铺就多一个销售渠道，而且如果只运营一个店铺，就相当于把鸡蛋都放在一个篮子里，这样运营的风险就太大了。

当然，在运营多个账户时，也容易让账户出现安全问题。例如，有的卖家团队可能会重点运营销量较高的账户，而忽略了销量较低的账户的运营。长此以往，那些销量较低的账户可能就会因为缺乏运营管理而出现各种问题。

在笔者看来，无论卖家团队是运营一个账户，还是运营多个账户，都要用心做好运营，确保账户安全。具体来说，如果卖家团队只运营了一个账户，那就要专心做好这个账户的运营；如果卖家团队同时运营了多个账户，就应该保证每个账户都有人运营管理。

对此，卖家团队可以根据销量将账户分为大型账户、中型账户和小型账户。然后，将团队分成几个小组，给每个小组分配几个账户，并根据账户的类型制定合适的运营策略。

例如，卖家团队可以将精力重点投入大型账户的运营上，确保大型账户可以健康有序地运营；对于中型账户，卖家团队在运营时可以多一份用心，寻找将其培养成大型账户的方法；而对于小型账户，卖家团队便只需简单销售几种商品，确保可以获得运营收益即可。

3．商品内容编写要重细节

在店铺运营的过程中，商品详情页内容的编写非常关键，因为许多用户都会根据该内容判断是否要购买对应的商品。那么，卖家要如何让商品详情中的内容对用户更有吸引力呢？笔者认为，卖家在编写内容时要尽可能地体现商品的细节。

图 10-4、图 10-5 所示分别为某款鼠标商品详情页中商品描述的部分内容。如果要从中选择一款鼠标进行购买，你会选择哪一款呢？笔者会选择购买图 10-4 中的这一款。因为该款鼠标的商品描述中对细节进行了展示，笔者能通过这些描述更好地把握该鼠标的信息。

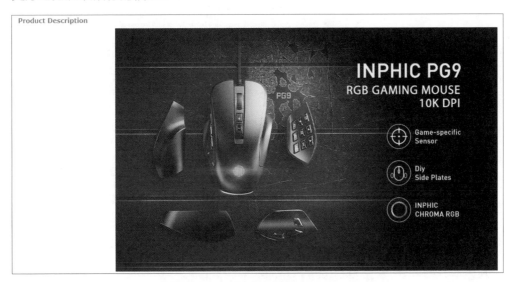

图 10-4　某款鼠标商品详情页中商品描述的部分内容（1）

在编写商品详情页的内容时，如果卖家敢于展示商品的细节，那么用户对于商品会多一份信任。因为在用户看来，如果卖家展示了商品的细节，就说明卖家对该商品是比较满意的，否则也没有勇气大胆展示商品的细节。因此，当用户看到卖家展示商品细节时，会觉得该商品的细节做得是比较好的。

4．积极做好引流增加曝光量

通常来说，一款商品的曝光量和其获得的销量是成正比的，只有让更多的用户看到商品，才能让商品获得更高的销量。因此，卖家在店铺的运营过程中，要积极做好引流，增加店铺和商品的曝光量，让更多人看到你销售的商品，从而让更多用户愿意购买你的商品。

Paracord cable

Ultra light and flexible cable that gets out of the way and lets you enjoy your game.

White PTFE feet

PTFE mouse feet for a smooth and consistent glide, rated for 500KM range and durability.

Anti Slip Grips

Never lose control of your mouse ever again.

Lighting & DPI indicator

The scroll wheel light has three modes which can be toggled by clicking the forward button + scroll button on the mouse simultaneously:

- **Mode 1** - Scroll wheel displays solid colors; single-clicking the DPI button switches DPI and displays the corresponding color
- **Mode 2** - Scroll wheel cycles through RGB colors; single-clicking the DPI button switches DPI and displays the corresponding color for two seconds, then continues cycling through RGB colors
- **Mode 3** - Scroll wheel light is turned off; single-clicking the DPI button switches DPI and displays the corresponding color for two seconds, then the light automatically turns off

Press 'Forward button' + 'Middle button' to switch to the next mode.

图 10-5　某款鼠标商品详情页中商品描述的部分内容（2）

10.2　爆款打造：6 步实现亚马逊爆款

对于卖家来说，如果能将商品打造成爆款，那么该商品的销量就有保障了。因此，在亚马逊店铺运营的过程中，许多卖家都会将重心放在爆款的打造上。其实，在亚马逊平台中打造爆款很简单，卖家只需重点做好以下 6 步就行了。

10.2.1　掌握爆款打造的 4 个要素

卖家要打造爆款，需要先掌握爆款打造的要素。具体来说，在打造爆款时，卖家需要重点掌握以下 4 个要素。

1. 选品

选品是爆款打造的第一步和关键一步，对于卖家来说，正确的选品就等于赢在了起点。在选品时，卖家不应该带有太多的主观情绪，而应该将商品的相关数据作为主要参考因素，通过数据评估选择用户需求量较大的商品。千万要记住，市场需求量是选品时必须要重点考虑的因素，如果你选择的商品市场需求量太少，那么即便后期再如何进行推广营销，商品也难以成为爆款。

2．商品信息

如前文所述，笔者已经多次强调商品详情页中内容的重要性了。如果大家还不用心编写商品详情页的内容，那么就等于是自己放弃打造爆款了。需要注意的是，商品详情页中的所有内容都要重视，现实生活中，许多卖家对文字部分的内容都比较重视，但却忽视了图片的选择。其实，商品详情页中的图片，对用户的购买欲望也是会产生重大影响的。

通常来说，卖家在选择商品图片时，一定要追求美观性，千万不要将商品不太美观的一面展示出来。否则用户看到图片之后，很可能就没有购买欲望了。图 10-6 所示为某玻璃水杯商品详情页面的部分信息。可以看到，该玻璃水杯采用的是磨砂设计，但是当卖家将几个玻璃杯放在一起时，磨砂效果叠加了，杯子看上去就显得不太干净了。因此，如图中选取的图片在美观性方面是有所欠缺的。

图 10-6　某玻璃水杯商品详情页面的部分信息

另外，当商品自身的美观性不太够时，卖家还可以通过增加装饰物的方式，让商品图片更加美观。图 10-7、图 10-8 所示分别为没加装饰物的玻璃杯和增加了装饰物的玻璃杯，虽然两款玻璃杯的款式相近，但这两款玻璃杯给人的感觉有很大的不同，这主要是因为其中一款玻璃杯中加了装饰物。

具体来说，相比于图 10-7 中的玻璃杯，图 10-8 中的玻璃杯看上去更加美观。这主要是因为图 10-7 中展示的都是空杯子，图 10-8 中的一个玻璃杯中增加了草莓和汽水等装饰物，而用户在看图片时，又会把装饰物一起看进去。因此，图 10-8 中的玻璃杯自然会比图 10-7 中的玻璃杯更吸睛。

3．商品推广

商品上架之后，卖家还需要通过商品推广来增加商品的曝光量。前文笔者也提到，随着曝光量的增加，商品的销量也会有所增加。因此，卖家要打造爆款，就必须积极做好商品推广。

Amazon Brand – Stone & Beam Traditional HighBall Drinking Glass, 16-Ounce, Set of 6
Visit the Stone & Beam Store
★★★★☆   375 ratings

Currently unavailable.
We don't know when or if this item will be back in stock.

Style: **Highball Glasses**

Material	Glass
Brand	Stone & Beam
Capacity	13 Fluid Ounces
Product Care Instructions	Dishwasher_safe, Hand_wash
Item Weight	0.5 Pounds

About this item

- Simple elegance is the hallmark of these classic 16 oz. highball glasses. Lead-free glassware keeps its shine through many washings. Whether you're serving at the bar or in the back yard, their clean design will rise to the occasion with every toast.
- Soda lime glass
- Durable and keeps shine through many washings
- Dishwasher safe; hand washing recommended; do not use abrasive cleaning pads
- 2.4375"W x 6.3125"H
- Set of 6 glasses
- Made in the USA

图 10-7　没加装饰物的玻璃杯

MITBAK 13 - OZ Drinking Glasses (Set of 6) | Highball Glasses Tumblers for Mixed Drinks, Water, Juice, beer, cocktail | Kitchen Glassware Set, Excellent Gift | Glass cups Made In Slovakia
Visit the MITBAK Store
★★★★☆   428 ratings

Price: **$24.99** ($4.17 / item) + $37.85 Shipping & Import Fees Deposit to China Details

Material	Lead free glass
Brand	MITBAK
Occasion	Wedding, Christmas, Housewarming, Happy_birthday
Capacity	12.96 Ounces
Product Care Instructions	Dishwasher_safe

About this item

- LEAD FREE – DISHWASHER SAFE These highball glasses have a sharp, classic modern design. The glasses are carefully crafted from lead-free glass and come six to a set. and is dishwasher safe
- FIRM BASE & THIN SHAPE FOR AN EASY GRIP – The thin, lightweight design of a glass tumbler makes it easy to hold, perfect for drinking while mingling. The highball glasses also have a flat, sturdy base ensuring you get to enjoy every last sip of your drink.

图 10-8　增加了装饰物的玻璃杯

需要注意的是，商品推广的渠道越多越好，除了花钱进行站内广告推广之外，卖家还需要积极利用社交网站和软件等站外渠道进行商品的推广。毕竟很多有购买需求的用户在站外看到商品信息时，也会对商品信息多一份关注，而且部分购买需求比较强烈的用户甚至还会直接在亚马逊平台上搜索你的商品，并进行购买。

4．商品价格

商品的价格能从一定程度上决定一款商品能否成为爆款。这一点很好理解，毕竟当商品价格比较高时，舍得花钱购买的用户就减少了。而且当市场上有款式差不多的商品时，用户还会选择价格相对较低的商品。因此，卖家可以适当控制商品的价格，通过相对较低的价格获得更高的销量，从而通过薄利多销打造爆款。

图 10-9、图 10-10 所示为款式相近但价格相差较大的两款玻璃杯的商品详情页。如果要选择一款进行购买，你会选择哪一款呢？笔者会选择图 10-10 中的这款玻璃杯。因为同样是 6 个玻璃杯，图 10-10 中这款仅需 18.99 美元，而图 10-9 中这款则需要 30.99 美元，很显然图 10-10 中这款玻璃杯要便宜得多。

图 10-9　价格相对较高的某款玻璃杯

图 10-10　价格相对较低的某款玻璃杯

10.2.2　在垂直细分类目专注运营

卖家可以先给自己做一个定位，然后根据定位专注地进行运营，重点销售某个垂直细分类目的商品。采用这种运营策略的亚马逊店铺有很多，可以说绝大部分店铺中销售的商品都属于某个垂直细分领域。例如，很多销售服装类商品的店铺，主要销售的就是服装和相关配饰，而不会销售像食品、生活用品等其他无关领域的商品。

在垂直细分类目专注运营有两个方面的好处：一是卖家可以针对该领域选择或生产商品，让商品更加符合用户的需求，从而提高商品的销量；二是如果卖家的商品质量比较好，而用户又在卖家的店铺中购买了商品，那么用户在购买相关商品时可能也会选择该卖家。这样一来，卖家便可以获得一批忠实的买家，为店铺中的商品持续提供购买力。

10.2.3　用好螺旋式爆款打造模型

所谓螺旋式爆款打造模型，简单来说，就是先让商品具有持续的销量，然后借助某个机遇推动商品的销售，让商品成为爆款。在此过程中，商品始终要保持一定的销量，等时机到了再让商品的销量出现螺旋式的上升。

例如，卖家可以通过控制价格、保证商品质量等方式，让商品持续获得一定的销量。然后，再通过花钱在站内打广告、在站外平台进行推广等方式，增加商品的曝光度，让商品被大量用户看到，从而快速增加商品的销量，让商品一跃成为爆款。

当然，采用螺旋式爆款打造模型时，卖家还需注意一点，那就是商品始终会保持一定的销量，而且商品被引爆之后，短期内的销量会大幅提升，因此卖家需要保证商品始终有充足的库存，不要等商品引爆了才发现库存不足。

10.2.4　卡位操作轻松让单量翻倍

亚马逊平台中会对各大小品类的商品进行销量排行，如果卖家能够通过卡位（即卡住商品所处的位置，让商品始终拥有一定的曝光量）操作让商品出现在相关的销售排行榜中，那么商品将会得到持续曝光，其销量也会出现大幅上涨，甚至会出现销量翻倍的现象。因为销售排行榜就相当于一个宣传渠道，许多用户看到销售排行榜中的商品时，只要有需求就会点击查看，甚至进行购买。

当然，很多销售排行榜都是以一段时间为周期的，时间一过就会刷新。因此，如果卖家要想通过卡位操作让商品长期处于销售排行榜中，就需要通过适度让利、赠送小礼物等方式，让商品持续获得稳定的销量。

10.2.5　推动单价低产品成为爆款

部分卖家认为，商品价格较低自然会对用户有吸引力，自己不用怎么推广就能让商品获得较高的销量。笔者认为，这种想法有些片面了。价格较低的商品虽然对用户比较有吸引力，但是如果卖家不进行宣传，那么很多用户甚至都不知道该商品的存在，在这种情况下，商品的销量又怎么会出现明显提升呢？

其实，有时候单价较低的商品，卖家只需用力推一把就有可能让其成为爆款。例如，卖家可以通过站内广告对单价较低的商品进行推广，让更多有需求的用户知道它的存在。如果用户知道了你的商品，并且用户对该类商品又有需求，那么很多用户便会购买该商品。

随着越来越多的用户进行购买，商品又会出现在各类销售排行榜中，获得持续的曝光。这样一来，商品的销量也将在短期内持续增加，而商品成为爆款的概率自然也就增加了。

10.2.6　提升商品的搜索排名和销量

卖家要将商品打造成爆款，就必须重视商品的搜索排名和销量。这主要是因为商品的搜索排名和销量都会影响商品的曝光量，而曝光量的增加又能为商品成为爆款提供助力。

那么，卖家要如何提升商品的搜索排名和销量呢？笔者认为，卖家既可以选择免费的方法，也可以选择花钱的方法，还可以将免费的方法和花钱的方法相结合。所谓免费的方法，就是通过优化商品的展示信息等方式，让用户更容易搜索到商品并被商品的展示信息所吸引。而花钱的方法就是通过花费一定的成本做站内推广增加商品的曝光量、通过降低商品价格增加用户的购买意愿等。